나는 **핫딜**보다
도서관이
좋다

나는 핫딜보다 도서관이 좋다

초 판 1쇄 2019년 07월 24일

지은이 김지혜
펴낸이 류종렬

펴낸곳 미다스북스
총 괄 명상완
에디터 이다경

등록 2001년 3월 21일 제2001-000040호
주소 서울시 마포구 양화로 133 서교타워 711호
전화 02) 322-7802~3
팩스 02) 6007-1845
블로그 http://blog.naver.com/midasbooks
전자주소 midasbooks@hanmail.net
페이스북 https://www.facebook.com/midasbooks425

ISBN 978-89-6637-695-7 03190

값 15,000원

나는 핫딜보다 도서관이 좋다

김지혜 지음

미다스북스

prologue

당신의 이름은 무엇입니까?

‘이름’의 사전적 의미를 찾아보면 다음과 같다.

1. 다른 것과 구별하기 위해 사물, 단체, 현상 따위에 붙여서 부르는 말. ≒ 명$_{2}$ (名).
2. 사람의 성 아래에 붙여 다른 사람과 구별하여 부르는 말.
3. = 성명$_{3}$ (姓名) 성과 이름을 아울러 이르는 말.
4. = 명의$_{2}$ (名義) ① 어떤 일이나 행동의 주체로서 공식적으로 알리는 개인 또는 기관의 이름.
5. 세상에 알려진 평판이나 명성.
6. 어떤 일이나 하는 짓에 특별한 데가 있어 일반에게 불리는 일컬음.
7. = 명예$_{1}$ (名譽) ① 세상에서 훌륭하다고 인정되는 이름이나 자랑
8. = 명분$_{1}$ (名分) ② 일을 꾀할 때 내세우는 구실이나 이유 따위.
9. ‘…의 권위를 빌려’, ‘…을 대신하여(대표하여)’

이름이라는 하나의 단어가 9가지의 서로 다른 뜻으로 사용되고 있다는 것을 당신은 알고 있었는가? 그렇다면 누구나 가지고 있는 이름 이외에 당신은 어떠한 이름으로 불리고 있는가?

누구나 이 세상에 태어나면 부모님 또는 조부모님을 통해, 전문적으로 이름을 짓는 곳을 통해 이름을 얻게 된다. 나 역시 부모님이 지어주신 이름으로 약 30년간 살았다. 내 이름으로 불리지 못하는 사람들이 있다는 것, 내 이름 석 자가 잊혀질 수도 있다는 것을 알게 된 것은 그토록 바라던 첫아이가 태어나면서부터이다.

아이가 태어나면서 나는 내 이름 석 자 대신에 '엄마'라는 새로운 이름을 얻었고, 아이가 기관에 다니면서부터는 'OO엄마'로 불리게 되었다. 이렇게 나는 지난 10년간 부모님이 지어주신 내 이름을 잊고 살았다. 내 이름이 필요할 때는 아이들이 가지고 오는 가정통신문에 사인할 때뿐이었지만 그것이 단 하루도 이상하게 여겨지지 않았다. 내가 사랑하는 한 남자와 가정을 이루고 그 사람을 꼭 닮아 눈에 넣어도 아프지 않을 것 같은 사랑스러운 두 아이의 엄마로 살아가는 것은 행복하고 또 행복한 일이다. 결혼 후 단 하루도 아내로, 엄마로 살아가는 내 모습에 후회한 적이 없었다. 내 삶이 행복하지 않았다면 남편과 아이들을 바라보며 10년차 전업주부로 살지 못했을 테니까. 아마도 지구에 살고 있는 60억 인구 중 수만 명은 바로 지금 내가 있는 삶의 자리와 기꺼이 자신의 삶을 바꾸려고 할 것이다. 한 남자의 아내로 두 아이의 엄마로 살아가는 것이 나 혼자였다면 느낄 수 없는 행복이라는 것은 절대로 부정할 수 없는 사실이다. 그러던 어느 날 이런 질문을 받았다.

"지금 행복하세요?"

'생활에서 충분한 만족과 기쁨을 느끼어 흐뭇한 것.' 그러한 상태가 바로 행복이다. 나는 아내로, 엄마로 살아가는 생활 속에서 충분한 만족감을 느꼈고, 그러한 상태가 지속되고 있다고 생각했다. 그래서 '난 행복해.'라고 스스로에게 대답했다. 하지만 그 순간 문뜩 떠오른 단어가 하나 있었는데 그것은 바로 '나'였다.

방금 전까지 많은 사람들과 함께 있던 그 공간에서 나 혼자 도라에몽 차원의 문에 들어온 듯 내 안에 두 자아가 이야기하기 시작했다. 마치 선과 악의 대화처럼 말이다. "지금 행복하세요?"라는 질문에 한쪽에서는 "나는 지금 행복해."라고 대답했다. 그 대답을 들은 다른 쪽에서는 "그래서 너는 행복해?"라고 묻는 듯 했다. 첫 번째 자아는 또 "행복해."라고 대답했다. 그랬더니 이제는 이렇게 물어본다.

"너 말이야. 너. 김지혜. 너는 행복하냐고?"

내 삶에서 아내라는 이름으로 사는 행복을 빼고, 두 아이의 엄마로 살고 있는 행복을 지우고 온전한 '나'는 행복하냐고 물어보는 나에게 자신 있게 "행복해."라고 대답하지 못했다. 그러고는 주변을 둘러보았다. 아내로, 엄마로 살아가면서 '나'로 살아가는 사람들이 가득했다. 그들 속에서 나는 어느 날 새로운 행성으로 떨어진 외계인이 되어버린 느낌이었다.

어제도 오늘도 나로 살아가고 있지만 나는 왜 그들처럼 살아가지 못하는 것일까? 나는 그들과 무엇이 다른지를 고민했지만 해답을 찾을 수 없었다. 그러나 내가 가장 힘들었던 그 시간을 가장 사랑하는 세 사람에게는 말하지 못했다. 특히 남편에게는 더욱더 이야기할 수 없었다. 내가 '나'를 찾겠다고 말하는 것이 남편에게는 지금까지 엄마로 아내로 살아온 내 삶을 모두 부정하는 것처럼 느껴질지도 모른다고 생각했기 때문이었다.

그 시간 나를 위로해주었던 사람은 아내로, 엄마로 살아가면서도 자신들의 이름을 찾고 '나'로 살아가는 행복을 아는 그녀들이었다. 그녀들은 나에게 내가 느끼는 이 감정을 똑같이 느꼈었다고 이야기해주었다. 자신들은 그 시간이 빨리 찾아왔고 나에게는 이제야 찾아온 것뿐이라고 말이다.

당신은 찾고 싶은 이름이, 불리고 싶은 이름이 있나요? 내 삶이 변화되었던 그 질문을 지금 이 글을 읽고 있는 당신께 하겠습니다. 당신, 지금 행복하세요?

contents

경력단절,
아내와 엄마가 되는 기회인 줄 알았다!

시행착오,
주부의 모든 도전은 아름답다!

탈피,
엄마와 아내가 아닌 '나'를 찾아가는 법

탈출,
전업주부 세상 밖으로 뛰쳐나오다!

돈 벌기,
전업주부도 할 수 있다!

1장

경력단절,
아내와 엄마가 되는
기회인 줄 알았다!

언젠가 나도 내 자리가 있었다

기회는 불운이나 일시적인 패배의 그늘에 숨어 은밀히 찾아온다.

–『놓치고 싶지 않은 나의 꿈 나의 인생』 중에서

나도 내 자리가 있었다

나도 직업란에 회사원이라고 적었던 때가 있었다. 벌써 10년 전 일이라 기억 속에서도 가물가물한 그때의 기억을 다시 꺼내어본다. 매일 같은 시간 울려대는 핸드폰의 알람 소리. 그 소리가 얼마나 울렸는지 알지도 못한 채 더듬더듬 핸드폰을 찾아 황급히 알람소리를 꺼버린다. 내 방에 다시 평화가 찾아오면 나는 또다시 행복한 단잠에 빠진다. 사탕보다도 더 달콤한 시간이다. 그러기도 잠깐, 잠시 후 화들짝 놀란 나는 몸에 돌돌 감겨 있던 이불을 걷어낸다. 아직도 꿈속인지 현실인지 구분도 안 되지만 나는 그래도 화장실로 들어가는 데 성공한다.

"쏴아 쏴아…."

한동안 울려 퍼지는 수돗물 소리. 따뜻한 물로 머리를 감고 세수를 하고 나니 이제야 정신이 든다. 대충 물기만 없애듯 머리를 털고 내 얼굴을 도화지 삼아 그림을 그리듯 신중히 화장을 한다. 옷장 안에서 꺼낸 옷들이 침대 위로 수북이 쌓인다. 이것저것 맞춰보고 드디어 결정! 약 30분 전과는 확연히 다른 사람이다. 변한 내 모습에 만족하며 집을 나선다,

나는 곧 전쟁터에 출전하는 장수처럼 무슨 일이 있어도 버스를 타고야 말겠다는 비장한 각오를 다진다. 저기 버스가 온다. 재빠르게 버스 안 상황을 두 눈에 담는다. 앞문과 뒷문 어느 쪽으로 버스에 탈 것인가 결정한 후 버스에 올라탄다. 그나마 사람이 적은 뒷문 끝으로 자리를 잡는 데 성공했다. 잠깐의 평화가 지나고 지하철을 타기 위해 정류장에서 내렸다. 곧이어 두 번째 전쟁이 시작될 것이다. 또 한 번 각오를 다진다. 지하철이 도착하고 탑승에 성공했다. 자리를 잡기도 전에 내 의지와 상관없이 밀려 들어오는 사람들에 치여 몸을 가누기가 힘들다. 두 발이 땅에 닿아 있는 것인지 공중에 떠 있는 것인지 알 수 없다. 손잡이를 잡는 것은 처음부터 불가능했다. 하지만 넘어질 공간도 없으니 다행이다. 이렇게 매일 아침

출근 전쟁에서 승리하고 내 전화기, 내 컴퓨터, 내 의자, 내 책상이 있는 회사에 도착한다.

대부분의 직장인이 겪고 있는 출근 전쟁을 나도 매일 겪었다. 대학을 졸업해서 호텔, 백화점, 패밀리 레스토랑, 방위산업체, 해운회사, SK그룹사까지 다양한 회사에서 일을 했다.

해운회사 비서로 입사했을 때 만났던 김 대리님이 기억난다. 나는 대표이사 비서로 입사를 했지만 작은 규모의 회사였기 때문에 총무부서의 업무 중 몇 가지가 나에게 주어졌다. 홍콩 본사에 있는 직원에게 매주 고시 환율을 받고 주간. 월간 컨테이너의 수입과 지출을 보고하는 일이었다. 업무의 특성상 이메일로 본사 직원과의 소통이 많았다. 영어에 자신이 없었던 나는 부서 내에서 가장 영어를 잘한다는 김 대리님께 메일을 보내기 전 항상 확인을 받아야 했다. 그때부터 김 대리님은 나의 공공의 적이 되었다. 김 대리는 어느 날 내게 성문기초영문법을 준비하라고 했다. 맞다. 우리가 중학교 다닐 때 열심히 보았던 그 초록색 표지의 영문법 책. 그리고 매일 범위를 정해주고는 책에 나오는 모든 문장을 외우라고 했다. 점심시간 후 숙제 검사를 했고 틀릴 때마다 서랍에 있는 50cm 자를 꺼내 내 손바닥을 때렸다.

"지가 영어를 잘하면 얼마나 잘해?"

처음 몇 번은 기분이 상하고 화도 났다. 더 열심히 해서 혼나지 말아야겠다는 생각이 들었다. 하지만 그런 오기도 잠시. 숙제와 메일을 검사받는 시간이면 나는 극심한 스트레스에 시달렸다. 오늘만은 변명을 만들어 내서라도 숙제 검사를 피하고 싶었다. 회사에서도 학교 선생님이나 과외 선생님처럼 구는 김 대리가 너무 싫었다. 영어를 가르칠 때 나에게 했던 말이 아직도 기억난다.

"내 아내가 헤드헌팅하거든? 나한테 영어 배우고 조금 경력 쌓은 후에는 더 좋은 회사로 이직할 수 있어!"

'저 이직시켜주기 전에 대리님 먼저 이직하시면 안 될까요?'

이 말이 목구멍까지 올라온 적이 한두 번이 아니다.

'귀신은 뭐 하냐. 저 김 대리 안 잡아가고….'

'김 대리 얼굴만 안 볼 수 있다면 정말 행복할 텐데….'

꿈에서도 만날까 봐 무서웠던 김 대리. 덕분에 회사에 출근하는 것이 도살장으로 끌려가는 것만 같았다. 그러면 안 되지만 살인 충동이 왜 일어나는지도 알 것 같은 기분이었다. 그런데 사람 사이의 일이라는 게 참 묘하다. 고운 정보다 무서운 것은 미운 정이었다. 그렇게 치가 떨리도록 싫었던 김 대리님에게 고민을 이야기하고 있는 나를 발견했다. 어떤 고민이었는지 기억은 나지 않지만 그 이후로 나는 김 대리님과의 영어 공부에서 해방되었다!

그때는 몰랐던 행복

학교 다닐 때 가장 기다려지는 점심시간. 이 시간은 직장인이 되어서도 기다려지는 시간이었다.

"오늘 점심은 뭐 먹을까? 회사 앞에 새로운 식당 개업했던데 가볼래?"
"그냥 무난하게 항상 가는 백반 집에 갈까?"

점심 메뉴 정하기는 행복한 고민이었다. 회사 내 답답하고 무거운 공기만 맡다가 점심시간에 맡는 공기는 기분마저 상쾌하게 만들어주었다.

대기업에 다닐 때는 어느 식당 부럽지 않은 구내식당이 있어 점심 메뉴 고민이 사라졌다. 학창 시절 줄 서서 먹던 급식 시간처럼 길게 줄 서 있는 회사 직원들 사이에 내가 있다는 사실이 기쁘고 행복했다. 그러나 점점 구내식당에서 먹는 밥이 지겨워졌다. 그때 여직원 몇몇이 도시락을 싸오기 시작하면서 나도 함께하게 되었다. 업무 시간에 하지 못했던 수다로 보내는 점심시간은 여고생으로 돌아간 행복감을 느끼게 해주었다.

퇴근 시간이 다가올수록 치열해지는 눈치 싸움. 책상을 정돈하고 카운트다운이 시작되었다.

'과연 오늘은 칼퇴근이 가능할 것인가?'

그 순간 이 부장님이 나를 부른다. 나의 칼퇴근이 무너지는 순간이다. 얼굴이 굳어진다. '또 본인이 처리해야 할 일을 나한테 넘기겠지.' 짜증이 마구 솟구쳐 오른다. 이 부장님으로 말하자면 '도대체 저 인간은 집에서 뭐 하나….' 하는 말이 절로 나올 정도로 사무실에서는 잠만 잔다. 잠에서 깨면 몇 시간씩 자리를 비우다가 퇴근 시간만 되면 나타나 직원들에게 하나둘씩 일을 준다.

"일을 주려면 일찍 주던지…. 꼭 퇴근 시간 맞춰서 주더라…."

이 부장님은 우리의 공공의 적이었다. 그래도 오늘이 금요일이면 웃으며 이 부장님의 일을 할 수 있었다. 이틀이나 이 부장님 얼굴을 안 봐도 되니까 말이다. 금요일 아침이면 침대에서 일어나는 것도 가뿐하고 만원 버스도 웃으며 탈 수 있다. 회사 내에서 아무리 기분 나쁜 일들이 일어나도 다 이겨낼 수 있었다. 그것이 직장생활을 버티게 해준 불금의 힘이었다.

그러나 내가 처음 직장생활을 시작했을 2001년에는 주 6일제가 시행되고 있어 불금이라는 단어 자체가 존재하지 않았다. 토요일 점심시간쯤이면 내가 일했던 백화점과 패밀리 레스토랑은 퇴근 후 주말을 즐기기 위해 손님이 늘어나기 시작했기 때문에, 평일에 쉬고 주말에 일하는 생활은 나에게는 맞지 않았다.

'다들 오전 근무만 하는 주말, 나는 왜 여기서 일을 하고 있는 걸까….'

일하는 내내 즐겁지가 않았다.

그리고 2004년 7월, 주 5일 근무제가 시행되면서 나 또한 주말에 쉴 수 있는 기업체로 이직을 했고, 불금의 혜택을 누릴 수 있었다. 하지만 아이를 키우고 있는 지금은 어디를 가든지 사람이 많은 주말이 아니라 한산한 평일에 아이들과 많은 것을 경험하고 싶다. 이제는 평일에 쉴 수 있는 직업을 가진 사람들이 부러운 것을 보면 사람에게 만족이란 없는 듯하다.

하지만 당시 내가 직장생활을 할 수 있었던 가장 큰 원동력. 모든 직장인이 직장생활을 계속할 수 있는 것은 그날 때문이다. 매일 아침 전쟁터에 나가는 것과 같은 지옥철, 만원버스를 이겨낼 수 있었던 것은 '직장생활의 꽃' 그것이 가진 힘 때문이 아닐까? 매일매일 얼굴도 보기 싫었던 김 대리와 퇴근 시간 전에만 일을 시켰던 이 부장님을 만나면서도 직장생활을 지속할 수 있었던 것도 바로 월급날이 주는 기쁨 때문이었다. 내 손에 직접 현금을 쥐어주는 것도 아닌데 왜 월급날에 목맸던 것일까?

직장인들은 하루에도 몇 번씩 사표를 내고 싶은 순간이 있다. 나 역시 수없이 '이 회사 때려치워야지!' 마음먹었지만 정작 행동으로 옮기는 것은 쉽지 않았다.

직장인들은 모두 월급을 받기 위해 출근 전쟁을 겪고 보기 싫은 직장 상사의 얼굴을 보고 즐겁지 않은 업무들을 하며 하루하루 버텨낸다. 월급은 단지 몇만 원의 돈이 아니라 그보다 몇 배 더 큰 의미를 가진다.

이제는 전업주부가 내 직업란을 채우고 있다. 직장이라는 곳에 아마 다시는 돌아갈 수 없을지도 모른다. 그러나 내가 직장생활을 한 번도 해보지 않고 주부가 되었다면 우리 가족을 책임지고 있는 남편의 무거운 짐을 알지 못했을 것이다. 항상 긍정적인 남편이 가끔씩 직장생활의 어려움을 말할 때에 위로의 말을 건네주지 못했겠지. 잊고 있던 나의 직장생활을 돌이켜보니 갑자기 슬퍼지는 건 왜일까?

나를 위로해준 것들

에어로스미스(Aerosmith), 'I Don't Want to Miss a Thing'

이 곡은 1998년 개봉한 영화 〈아마겟돈〉의 OST이다. 이 곡에는 사랑이 가득 담겨 있다. 영화의 여주인공인 리브 타일러와 에어로스미스의 보컬 스티븐 타일러는 실제 부녀 관계이기도 하다. 이 곡을 들을 때마다 나를 포근히 감싸주는 듯한 기분이 들면서 항상 눈물이 났다. 그리고 엄마가 되고 나니 더욱더 이 곡에 깊이 감정이입을 하게 된다.

I could stay just to hear you breathing
난 네가 숨 쉬는 걸 듣기 위해 깨어 있을 거야
Watch you smile while you are sleeping
네가 자면서 미소 짓는 것도 보고
While you're far away a dreaming
네가 멀리 가서 꿈을 꾸고 있는 동안
I could spend my life in this sweet surrender
난 내 삶을 전부 이 달콤한 순간에 맡길 수 있어
I could stay lost in this moment forever
지금 이 순간 속에 영원히 길을 잃어도 좋아
Every moment spent with you is a moment treasure
너와 함께한 매 순간은 내게 아주 값지니까

정규직이었어도 전업주부가 됐을까?

지금 눈앞에 있는 것에 집중하라. 좋은 날을 하나씩 쌓아 좋은 인생을 만들어라.
똑같은 실수를 반복하지 않으면 충분하다.
—『지금 하지 않으면 언제 하겠는가』 중에서

원하지 않았던 경력단절

2010년 3월 나는 백수가 되었다. 회사 생활이 싫어서 사표를 낸 것도 아니었고, 결혼을 위한 것도 아니었다, 나의 의지와 상관없었다. 처음 회사에 입사했을 때부터 1년의 근무 후 한 번의 계약 연장이 가능하고 최대 2년밖에 근무할 수 없었다. 나는 입사와 동시에 2년 뒤에는 퇴사를 할 수밖에 없는 비정규직 노동자, 비정규직 중에서도 파견직 노동자였다.

비정규직이 생겨나게 된 것은 1996년 근로기준법, 노동조합법, 노동쟁

의조정법이 국회에 통과되면서부터이다. 이 법은 비정규직을 없애기 위한 입법 취지를 담고 있었지만 그 시작과 다르게 노동법 개악이 단행되며 파견근로제와 변형근로제가 도입되고 허용되면서 비정규직이 더 생겨나게 되었다고 한다.

비정규직에는 일용직, 무기계약직, 파견직, 도급직, 수련직 등이 있는데 나는 그중에서도 파견근로자에 속했다. 파견근로법의 정식 명칭은 '파견근로자 보호 등에 관한 법률'로 나와 있다.

"근로자 파견 사업의 적정한 운용을 꾀하고, 파견근로자의 근로 조건 등에 관한 기준을 확립함으로써 파견근로자의 고용 안정과 복지 증진에 이바지함은 물론, 인력 수급도 원활하게 할 목적으로 1998년 2월 20일 법률 제5512호로 제정되었고 1998년 7월 1일부터 시행되었다."

– 네이버 지식백과

퇴사를 하기 전 나는 비서로 근무했는데 비서직이야말로 어느 직종보다도 파견근로자의 비중이 높다. 비서를 많이 고용하는 곳은 역시 대기업이다. 그중에서도 삼성. 삼성의 계열사 중에서도 삼성전자는 비서의 수가 많을 뿐 아니라 비서들이 취업하고 싶은 기업이기도 하다. 그러나 삼성전자에는 정규직 비서가 없다. 삼성의 다른 계열사에서는 무조건 정규직으로 비서를 채용하기도 하고 또 다른 계열사에서는 정규직으로 전환하기도 한다. 하지만 삼성전자의 비서는 비정규직이다. 삼성전자뿐만이 아니다. 내가 2년 동안 근무했던 SK그룹의 경우(다른 계열사는 모르겠지만 내가 근무했던 초고속인터넷 그룹)에도 정규직 비서는 하나도 없었던 걸로 기억한다.

비정규직의 슬픔

나는 2년을 근무하면서 세 분의 임원을 함께 모셨다. 나중에는 세 분의 임원분 중 한 분이 승진을 하셔서 그분만 모시게 되었지만 말이다. 한 명의 비서가 한 명의 임원을 모시기도 하지만 임원의 수가 많은 기업의 경우 한 명의 비서가 두세 분의 임원을 모시기도 한다. 이렇게 다수의 임원을 모시는 경우 비서의 업무는 임원분의 일정 관리, 전화 응대, 내방객 응대, 예약 관리, 경조사 관리, 회계 관리 등이다. 나처럼 다수의 임원을 모시거나 삼성전자와 같은 경우에는 비서가 사무행정인력에 포함되어 있어 파견근로를 통해 근무를 하게 되는 것이다. 물론 다수의 임원을 모시게 될 경우 임원분들도 비서를 배려(?)해서인지 많은 업무를 주지 않기도 한다. 나의 경우도 세 분의 임원이 업무의 많은 부분을 직접 하시는 경우가 생겼고 그러다 보니 자연스럽게 나에게 많은 일을 주시는 임원분 위주로 업무를 하게 되었다.

하지만 모든 비서가 파견직으로 입사를 해 2년만 근무를 할 수 있는 것은 아니다. 기업의 고용 시스템에 따라 파견직 비서를 고용하는 회사들이 많은 것뿐이다. 비서에 대한 인식이 우호적이신 임원은 비서를 정규직으로 전환시켜주기도 하고 기업에 따라서는 정규직으로 채용하여 비서와 임원 간에 비즈니스 파트너의 관계를 유지하기도 한다.

내가 세 분의 임원을 모시고 있을 때 나의 임원분들이 속한 본부의 최고 책임을 맡고 계신 임원분은 그룹 내 다른 계열사 사장이 되면서 비서를 데리고 가셨다. 그 비서의 경우는 무기계약직으로 전환되었다는 이야기를 들었다. 이 비서의 경우 임원이 계열사의 사장으로 가셨기 때문에 고용 시스템 전환이 쉬웠던 것이였다.

비서직뿐만 아니라 많은 비정규직의 경우 정규직으로 전환되는 것이 쉽지 않다. 기업에 따라서 채용 시 정규직 전환의 기회가 있다고 하지만 현실적으로 많은 비정규직의 경우는 정규직 전환이 쉽지 않다.

구분	2000년	2002년	2004년	2006년	2008년	2010년
정규직 월급(만 원)	157	182	211	226	250	266
비정규직 월급(만 원)	84	96	110	116	125	123

한국노동사회연구소(2010년 6월 기준)

한국노동사회연구소에서 2010년 발표한 자료에 따르면 2010년 비정규직과 정규직의 월급차이는 143만 원이다. 이는 정규직 직원 한 명을 채용하면 비정규직 직원은 두 명을 채용하면서도 정규직 직원의 월급보다 적은 비용이 들어가기 때문이다.

이익을 추구할 수밖에 없는 기업체는 적은 비용으로 직원을 채용할 수 있고, 2년 뒤에는 더 좋은 조건을 가진 직원 채용의 가능성이 있는 비정규직으로 직원을 채용하기를 바랄 것이다. 기업뿐 아니라 직접 업무를 하는 내 입장에서도 '나는 정규직과 다르다.'라는 것을 스스로 인식했고 그것은 업무를 하면서도 자연스레 나타나기 마련이다. 2년 뒤에는 무조건 퇴사가 정해져 있기 때문에 업무 하나하나를 열심히 해야 할 이유를 찾지 못했다. 아무리 열심히 일을 해도 내 계약은 연장되지 않을 것이고, 내가 퇴사한 뒤에는 다른 직원이 나의 자리를 채울 것이기 때문이다. 이런 마음가짐이 밑바탕에 깔려 있다는 것은 기업의 입장에서도, 직접 업무를 하는 나에게도 도움이 되지 않는다. 정규직 직원들이 상여금을 받을 때에도 파견직인 나는 받을 수 없었다. 다른 직원들은 나의 눈치를 보느라 마음껏 기뻐하지 못했고 나는 내가 정규직과 다르다는 것을 알면서도 서운함을 이기기 힘들었다.

유럽에서는 비정규직을 줄이는 정책을 펴고 있다고 한다. 비정규직의 비중이 높고 고용이 불안정하면 경제 성장과 사회 안정이 어렵다는 이유 때문이다. 스페인의 경우에는 비정규직이 정규직으로 가는 하나의 관문이다. 비정규직으로 입사해서 일정 기간이 지나면 원하는 경우 누구나 정규직이 될 수 있고, 비정규직일 경우에도 정규직과 연봉, 복리후생, 노동시간에 차이가 전혀 없다고 한다. 덴마크에서도 노동자가 원하면 모두 정규직으로 바꾸는 정책을 펴고 있다. 비정규직으로 근무했고, 비정규직이었기에 퇴사를 할 수밖에 없었던 나의 입장에서는 부러울 따름이다.

나는 가끔 생각한다. 내가 비정규직이 아니었다면 지금의 나는 어떤 모습일까? 워킹맘으로 아이들을 키우며 계속 비서로 일하고 있을까? 아니면 직장과 가정과 아이들 사이에서 지금과 같은 전업주부가 되기로 결정했을까?

나를 위로해준 것들

김동률, '동행'

나는 누군가 슬퍼하고 있을 때, 위로를 해주고 싶은데 마땅한 말이 떠오르지 않을 때 이 곡을 들려준다. 굳이 많은 말을 하지 않아도 이 곡 안에 내가 해주고 싶은 말들이 다 들어 있다. 나를 인정해주고 이끌어주는 단 한 사람만 있다면 무엇이든 포기하지 않고 이루어낼 수 있다. 지금 힘들어하고 있는 당신에게 이 곡이 위로가 되기를.

네 앞에 놓여진 세상의 짐을 대신 다 짊어질 수 없을지는 몰라도
둘이서 함께라면 나눌 수가 있을까, 그럴 수 있을까
내 앞에 놓여진 세상의 벽이 가늠이 안될만큼 아득하게 높아도
둘이서 함께라면 오를 수가 있을까, 그럴 수 있을까
언젠가 무엇이 우릴 또 멈추게 하고 가던 길 되돌아서 헤매이게 하여도
묵묵히 함께하는 마음이 다 모이면 언젠가는 다다를 수 있을까

결혼했을 뿐인데 취업이 안 된다니

실패는 우리를 환상에서 깨어나게 해준다.
객관적이고 냉철하게 우리가 어느 위치에 있는지를 볼 수 있기 때문에,
타인의 눈에는 실패할 것처럼 보여도 사실은 성공으로 가고 있는 것이다.
– 제롬 자르(마케터)

내가 얻은 새로운 이름

2010년 나는 여자라면 누구나 꿈꾼다는 5월의 신부가 되었다. 그리고 '유부녀'라는 내가 원했던 이름과 '경력단절녀'라는 원하지 않은 이름, 2가지의 새로운 이름을 얻었다. 결혼을 앞두고 일을 쉬게 된 나는 일과 결혼 두 가지의 새 출발을 준비했다.

결혼은 서로 다른 남녀가 부부의 관계가 되는 것이다. 우리는 결혼을 준비할 때 일생에 한번뿐인 결혼'식'에는 온 신경을 집중한다. 먼저 예식

장을 잡고 그 다음부터 다른 고민이 줄줄이 이어진다.

"드레스는 뭐 입지?"

"여기 괜찮던데 결혼사진은 여기에서 할까?"

"○○이 결혼할 때 메이크업 예쁘던데 거기 어딘지 물어봐야겠다."

다른 사람들에게 보이기 위한 준비를 시작한다. 그리고 둘이 함께 살 신혼집과 가전, 가구들을 준비하는 데 많은 시간을 보내고 있는 것이다. 그러나 잊지 말아야 할 것은 결혼식은 아주 잠깐이고 결혼식 이후에 비로소 진짜 결혼 생활이 펼쳐진다는 것이다. 우리는 몇 시간 안 되는 예식을 보여주기 위해 많은 고민과 준비를 했었다. 그러나 결혼식이 끝나고 나서 남편과 내가 느낀 동일한 감정은 바로 '허무함'이었다.

결혼은 서로 다른 남녀, 요즘은 결혼이 늦어지고 있으니 30년 넘게 다르게 살아온 남녀, 그리고 그들의 가족이 만나 새로운 가족이 되는 것이다. 짧은 예식 이후에는 비로소 결혼이라는 일상생활이 우리를 기다리고 있다. 결혼식에는 온 신경을 곤두세우며 준비하지만 결혼식 이후의 결혼생활을 준비하는 사람들은 많지 않은 것이다. 나와 남편은 결혼식을 준비하면서 우리에게 펼쳐질 결혼 생활을 미리 공부해보기로 했다. 바로 결혼예비학교를 통해서 말이다.

결혼예비학교는 평생 함께할 두 사람이 결혼 후에 생기게 되는 문제들에 대해 준비하고 배우는 시간이다. 연애와 결혼은 다르다는 이야기들을 많이 한다. 결혼은 현실인데 우리는 어디서도 결혼 생활에 대해 배우지 못했다. 부모님의 모습을 보고 자라왔지만 그것은 부모님의 결혼 생활이지, 나의 결혼 생활은 아니었다. 이제 나의 현실이 될 결혼 생활에 대해 배울 수 있는 결혼예비학교에서 배운 것 중 가장 기억에 남는 것이 5가지 사랑의 언어다.

5가지 사랑의 언어에는 인정하는 말, 함께하는 시간, 선물, 봉사, 스킨십이 있다. 나의 사랑을 표현하려면 나의 언어가 아니라 상대의 언어로 표현해야 한다는 것이다. 테스트를 통해 나와 남편의 사랑의 언어에 대해 알게 되었는데 남편의 사랑의 언어는 인정하는 말과 스킨십이었다. 예를 들어 남편이 설거지를 해주었다면 손을 잡으며 이렇게 말하는 것이다.

"오늘 설거지해줘서 너무 고마워요~."

그러면 남편은 나에게 인정받고 있다고 느낀다. 그런데 설거지를 해준 남편에게 고맙다는 말 대신에 나의 사랑의 언어인 선물을 준비한다면 내 남편은 사랑받고 있다고 느끼지 못할 수도 있다. 나는 감사한 마음을 표현했다고 생각하지만 그것은 남편의 사랑의 언어가 아니기 때문이다. 남편의 언어를 알고 난 후에는 칭찬과 격려가 남편에게 힘을 준다는 것을 알았다. 작은 것 하나가 결혼 생활을 유지하는 큰 힘이 되기도 한다.

신혼 초에는 남편과 정말 많이 싸웠다. 연애할 때는 그렇게 좋기만 하던 사람이 결혼 후에 이렇게 달라질 수 있을까 싶을 정도로 말이다. 그렇다고 아주 심각한 문제로 싸우는 것도 아니었다. 나는 치약을 끝에서부터 조금씩 짜서 쓴다. 우리 집에서는 모든 가족이 그렇게 써왔다. 그런데 남편은 꼭 중간에서 치약을 짠다. 밑에서부터 쓰자고 해도 듣는 둥 마는 둥, 옷을 벗으면 세탁기 안에 넣으면 되는데 쌓아둔다.

"내일 다시 입을 거야!"

하지만 며칠 뒤 이렇게 이야기한다.

"왜 옷 안 빨았어?"

양말은 꼭 뒤집어서 화장실 앞에 벗어두고 말이다.

이런 사소한 문제들이 신혼 초 싸움의 발단이 된다. 우리 둘은 이러한 문제들이 생길 것이라고 미리 배웠음에도 직접 생활하면서 느끼는 감정은 정말 달랐다. 하지만 우리는 이런 문제들이 결혼 생활을 유지하면서 일어날 수 있다는 것을 미리 배웠기 때문에 서로 다름을 인정하게 되었다. 그리고 두 사람이 다름을 인정하면 싸움의 횟수는 급격히 줄어든다.

놓고 싶지 않았던 직장인의 자리

결혼 생활을 하면서 남편에게만 의지하지 않고 아이가 생기기 전까지는 나도 직장생활을 계속하고 싶었다. 하지만 내 의지와는 다르게 결혼한 여성이 취업을 하는 것은 쉽지 않은 일이었다.

옛말에 "배운 게 도둑질이다."라는 속담이 있다. 이 말은 '어떤 것이 버릇이 되어 하고 싶지 않아도 안 할 수 없음'을 비유하는 말이다.

비서직으로만 5년 이상의 경력을 갖고 있던 나는 새로운 일에 도전하기보다는 내 경력에 맞는 일을 하자는 마음으로 비서직 구직을 준비했다. 많은 사람들이 비서라고 하면 예쁜 외모를 가진 젊은 여성을 떠올릴 것이다. 그리고 그 편견은 구직 활동에 영향을 미치기도 한다. 비서직뿐만 아니라 여성들이 취업할 때 기혼 여성은 미혼 여성에 비해 취업률이 높지 않다.

한창 비서로 일했을 시절 비서들의 친목도모와 정보 공유를 위한 인터넷카페에 자주 접속했었다. 그곳에는 결혼과 동시에 퇴사해야 하는 기업, 결혼하면 다른 부서로 옮겨야 하는 기업에 근무하는 비서들이 많이 있었다. 내가 처음 비서로 입사했던 곳도 10년 넘게 사장님을 모시던 전임비서가 임신으로 인해 퇴사하는 자리였다, 본인의 의지였는지 회사 측의 결정이었는지 알 수 없지만 기혼자들이 일하기 쉽지 않은 직업이 비서였다.

'그래도 부딪혀보자!' 했지만 나의 의지와 다르게 취업 시장은 냉정했다. 그래도 결혼 전에는 면접의 기회는 주어졌었다.

"20대 후반의 나이인데 결혼은 언제 할 거예요?"

"몇 달 뒤 결혼 예정입니다."

"죄송하지만 결혼을 앞둔 비서는 채용하지 않습니다."

이것이 면접에서 흔히 들었던 말이다.

이런 일이 계속되자 한 번은 '결혼 계획이 없다고 하고 취업을 해볼까?' 하는 생각이 들었다. 만약 그렇게 취업을 했다면 두 달 뒤에 나는 결혼식을 할 수 있었을까? 아마 결혼식을 했었어도 더 이상 회사를 다닐 수 없었겠지.

번번이 비서직 면접에 떨어진 나는 꼭 비서직을 고집할 필요가 있을까 싶어 경력이 없는 일반 사무직에도 지원을 했었다. 결과는 어땠을까? 조금 다른 질문들이 있기는 했지만 마지막에는 결혼에 대한 질문이 빠지지 않았다.

다음 자료는 2018년 통계청이 발표한 2018년 상반기 지역별고용조사(부가항목) 경력단절여성 현황이다. 경력단절여성이란 결혼이나 육아로 인해 회사를 퇴직한 후 직장 경력이 단절된 여성들을 말한다.

2018년 4월 기준으로 경력단절여성은 184만 7,000여 명이다. 비취업 여성 가운데 절반이 넘는 여성이 경력 단절을 경험하고 있으며 그 사유를 보면 가장 많은 비중이 결혼이라는 것을 알 수 있다.

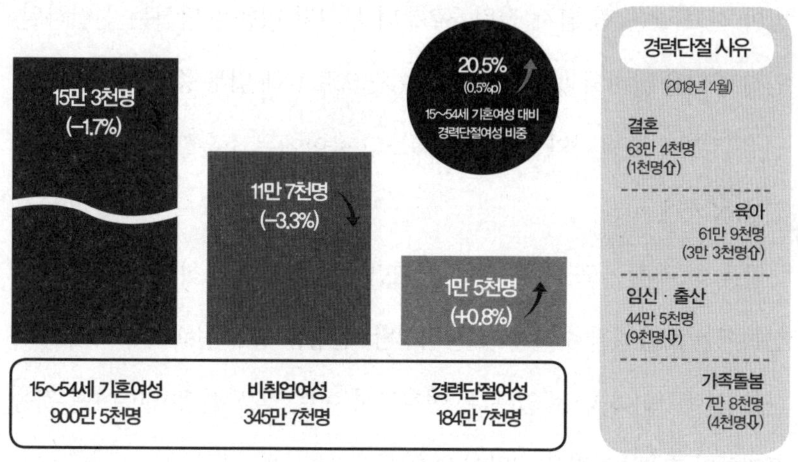

나 역시 결혼을 앞두고 취업에 실패했기 때문에 차라리 결혼 후에 사무직이라도 입사를 하는 것이 낫겠다는 생각을 했다. 하지만 그건 나의 생각이었을 뿐 기혼 여성이 되었을 때에는 문제가 더 심각했다. 기혼 여성은 입사지원서도 낼 수 없는 곳이 많았다. 서류에 통과해 면접 기회가 주어졌어도 이 말을 많이 들었다.

"아이는 언제 가질 예정이에요? 우리 회사는 임신하면 못 다녀요."

이렇게 나는 일을 하고 싶어도 할 수 없는 경력단절여성이 되었다. 직장인들의 모습을 현실적으로 그려내 인기가 많았던 〈미생〉이라는 웹툰과 드라마를 많이 보았을 것이다. 그 안에서도 직장 여성의 삶은 쉽지 않았다. 뛰어난 스펙과 자질을 가졌지만 여자라는 이유로 커피 심부름을 도맡아 하고 같은 팀 남자 직원들로부터 무시와 미움을 당하는 신입사원. 임신 중임을 밝히지 못하고 계속된 야근으로 인해 업무 중 쓰러지는 여직원, 워킹맘으로 육아와 일을 병행하느라 육아에는 소홀할 수밖에 없었던 선 차장까지.

일을 하고 싶어도 할 수 없는 경력단절여성과 일을 하고 있지만 어느 한쪽에는 소홀해질 수밖에 없는 워킹맘. 인생은 항상 선택의 연속이고 하나를 선택하면 하나는 잃는다. 여자로서 어떤 것을 선택하고 어떤 것을 포기해야 할까? 이것은 정답이 없는 문제다.

내 생애 가장 간절히 원했던 아이

성공의 비결은 시작하는 것에 달렸다.

–『하버드 새벽 4시 반』 중에서

나는 난임이었다

결혼과 뗄 수 없는 단어는 바로 임신이다. 만난 지 얼마 되지 않은 커플이 결혼을 했다.

"속도위반 아니야?"

이렇게 많이 생각한다. 우리가 결혼과 임신을 따로 생각하지 않기 때문이다. 임신은 남자의 정자와 여자의 난자가 서로 만나 결합하고 수정란이 자궁내막에 뿌리를 내리면 성립하는 것이다. 나 역시 결혼과 임신을 따로 따로 생각하지 않았기에 결혼을 하게 되면 자연스럽게 임신이 될 것이라 생각했다. 하지만 임신은 그렇게 쉬운 일이 아니었다.

임신 후에 결혼, 결혼 후 임신. 그 순서보다는 결혼과 임신은 실과 바늘의 관계와 같이 서로 뗄 수 없는 것이라고 생각했고 막연하게 남편을 닮은 아이를, 나를 닮은 아이를 낳고 싶다는 마음만 가득했다.

'결혼을 했으니 당연히 얼마 후 나에게는 아이가 생길 거야.'

나는 아이를 좋아하지 않았다. 미혼 시절에는 버스나 지하철 또는 길을 걸어가다가도 내 옆에 아이들이 있으면 피해가거나 자리를 옮길 정도였다. 하지만 결혼을 하고 나니 모든 것이 변했다. 나에게도 이런 마음이 있었나 싶을 정도로 아이를 원한다는 것을 알게 되었다.

처음 6개월 정도는 임신보다는 남편과 둘이 지내는 시간이 너무 좋았다. 헤어지지 않아도 되었고, 예쁘게 꾸미지 않아도 괜찮았다. 아침에 일어나 맨 얼굴로 극장에서 조조 영화를 보는 것도 부담되지 않았다. 연애할 때보다 신혼 시절이 더 좋았다. 세상에 부러울 것이 하나도 없었다. 하지만 주변에서 하나둘씩 임신 소식이 들리기 시작했다. 그중에는 우리 부부보다 늦게 결혼한 커플들의 임신 소식도 있었다. 이렇게 임신 소식을 듣게 되니 조금씩 조급해지기 시작했다. 한 달 한 달이 그렇게 길게 느껴질 수가 없었다.

남편과 나는 같은 교회 안에서 만나 결혼을 했기 때문에 주일마다 많은 부부들과 어른들을 만났다. 아이를 기다리는 동안 교회 안에 나와 이름이 같은 집사님이 계셨는데 그 가정의 셋째 임신 소식을 들었다. 머리로는 진심 어린 축하와 축복을 해줘야 한다는 것을 알지만 가슴으로는 시기와 질투를 하고 있는 나를 발견했다. 그때 얼마나 하나님을 원망했는지 모른다.

'하나님, 저 집사님 가정에는 셋째까지 주시면서 우리 가정에는 왜 한 아이도 주시지 않는 거예요.'

임신을 기다리는 처음 몇 달간은 기대를 하게 된다. 그리고 기약 없는 기다림이 시작된다. 이 시기가 지나면 나 자신에게 화가 나기 시작하며 결국 포기하거나 모든 것을 내려놓게 된다. 이렇게 1년이 넘는 시간이 흐르니 친정 엄마는 걱정을 하시기 시작했다.

"너 병원에 가봐야 하는 거 아니니?"

주변에서도 이런 말들이 들렸다.

"임신하는 데는 이게 좋대~."

"○○이는 어디 한의원에 가서 한약 먹고 임신했대!"

"둘이 그렇게 좋아하니 아이가 안 생기지."

임신을 준비하면서 수없이 들었던 말이다. 나는 한 번도 내가 아이를 갖지 못할 것이라고 생각해보지 않았다.

'나는 아이를 갖지 못할 거야….'

도대체 몇 명이나 이런 생각을 할까? 대부분 난임이 나에게는 일어나지 않는 뉴스와 신문 속에만 나오는 일이라고 생각할 것이다. 하지만 난임은 나와 상관없는 문제가 아니라 바로 나의 이야기였다.

피임을 하지 않고 부부 생활을 할 경우 1년 이내에는 약 70~80% 정도가 임신이 이루어지며, 2년 이내에는 약 80~90% 정도가 임신에 성공하게 된다고 한다. 하지만 아기를 낳을 수 있는 건강한 남녀가 피임을 하지 않은 상태에서 정상적인 부부 생활을 하고 있음에도 불구하고, 1년이 지나도 임신이 되지 않는 상태를 난임이라고 한다.

지금은 결혼이 늦어지고 있기 때문에 당연히 출산 연령도 늦어지고 난임 역시 늘어나는 추세라고 한다. 최근 10년 사이에 난임 환자가 3.7배 증가했다는 결과도 있다. 일하는 여성들의 비중이 늘어나면서 결혼 후에도 직장생활을 하는 여성들이 많다. 그러나 우리 사회는 아직도 임신한 여성들에게 관대하지 않다. 그럼에도 주변에 임신을 계획하는 부부들도 많이 있다. 내가 원하는 시기에 임신을 하고 출산을 할 수 있다면 얼마나 좋을까? 하지만 인생은 우리의 계획대로 되지 않는다. 아이 문제 역시 그렇다. 그래서 아이는 신이 주신 선물이라고 하지 않는가.

난임 부부의 비율은 약 15% 정도로 3쌍 중 1쌍은 아이를 갖고 싶어도 갖기 힘들다고 한다. 우리 부부의 주변에도 난임으로 힘들어하는 부부들이 많다. 나 역시 난임의 경험자이기 때문에 주변에 결혼 후 1년 정도가 지나도 아이의 소식이 없는 부부의 경우에는 병원에 가서 검사를 받아보길 권하고 있다. 그런데 많은 남편들이 병원에 가보자는 아내의 의견에 쉽게 동의하지 않는다고 한다. 임신은 어느 한쪽의 노력으로는 될 수 없다. 남편과 아내가 함께 노력을 해야 가능한 것이다. 남성의 경우에는 정자의 운동성 저하와 수 부족, 기형정자, 성기능 장애등이 난임을 일으키는 요인이며, 여성의 경우에는 생리 불순과 배란 장애 등이 난임 치료가 필요한 경우라고 한다.

우리는 몸에 이상이 생기면 병원을 찾는다. 아프지 않아도 병을 예방하기 위해 건강 검진도 받는다. 하지만 산부인과나 비뇨기과에는 가려고 하지 않는다.

나와 남편은 아주 간단하게 생각했다. 검진을 받아보기로. 문제가 있으면 그 문제를 해결하면 될 것이고, 문제가 없다면 우리는 마음 편히 집으로 돌아와 앞으로 우리에게 주실 아이를 기다리면 된다고 말이다. 하지만 우리가 이미 알고 있듯이 문제가 없다면 1년 안에는 확률적으로 아이가 생겨야 하는 것이다.

나보다 더 아이를 원했던 남편은 병원에 가서 검사를 받아보자는 나의 의견에 동의했고 우리는 난임 전문 병원에서 검사를 받을 수 있었다.

하나님의 은혜

병원을 찾은 우리에게 아이가 생길 수 없는 문제가 발견되었다. 의사 선생님은 우리에게 자연적으로는 아이가 생길 수 있는 확률이 아주 낮다고 하시면서 시술을 권하셨다. 난임 판정을 받은 것이다. 우리가 할 수 있는 시술은 인공수정과 시험관 아기 시술 2가지였다.

인공수정이란 여성의 배란 시기에 남편의 정액을 자궁 속으로 주입하는 방식이며, 시험관 아기는 난자를 체외로 채취하여 시험관 내에서 수정시키고 배아를 다시 자궁경부를 통해 자궁 내로 이식하는 시술이다. 당시 남편은 31세, 나는 30세였다.

"두 분 다 아직 젊으시니 인공수정 몇 번 해보고 안 되면 시험관 합시다!"

우리가 검사 후 의사 선생님께 들었던 이야기다. 나는 임신의 확률을 높이기 위한 배란 유도제를 처방받았다. 하지만 진료를 마치고 나온 남편은 시술에 동의하지 않았다. 사실 우리가 다른 부부들의 임신 소식을 부러워하기는 했지만 아이를 갖기 위해 노력하지 않았다는 것이 남편의 생각이었다. 그때가 5월이었는데 남편은 이렇게 이야기했다.

"올해까지는 기다려보고 그래도 아이가 생기지 않으면 그때 시술하자."

나는 남편의 의사에 따르기로 했고 우리는 남은 시간 동안 임신을 위해 우리가 할 수 있는 노력을 하기로 했다.

딸 가진 죄인이라서일까? 친정 엄마는 아이를 갖지 못하는 딸이 안쓰럽고 사돈댁에 죄송하셨던 모양이다. 엄마가 가장 좋아하는 책인 성경책 안에 있는 불임 여성의 이야기를 한 자 한 자 정성껏 써서 나에게 주셨다. 그리고 함께 기도하자고 하셨다.

고대에 불임은 신의 저주로 여겨졌다. 성경 속에서도 불임은 종종 하나님의 저주이다. 하지만 성경에는 저주로 머물지 않고 하나님의 창조적 능력으로 임신하는 과정이 쓰여 있다.

성경 속에는 사라, 라헬, 한나, 엘리사벳 등의 불임 여성들이 등장한다. 하지만 이 중에 아이를 낳지 못한 여성은 없었다. 사라는 하나님께 후사에 대한 언약을 받았지만 75세가 될 때까지 아이를 낳지 못했다. 하지만 15년이 지난 뒤 여성의 월경이 끝난 90세의 나이에 이삭을 낳았다. 그녀는 이스라엘의 조상이 되는 영예를 누렸으며, 신약성경에서는 사라를 경건한 아내의 모범, 신앙인의 표본으로 인용하고 있다. 한나 역시 오랫동안 불임으로 힘들어했고 하나님께 아들을 주시면 그를 하나님께 드리겠다고 서원하며 기도하였다. 하나님은 그의 기도에 응답해주셨고, 젖 떼기를 기다렸다가 서원대로 하나님께 바쳤다. 엘리사벳은 잉태를 하지 못했고, 나이가 많았다. 하나님은 엘리사벳의 남편이었던 사가랴의 간구함을 들으셨고 많은 사람이 기뻐할 아들이 태어날 것이라고 하셨다. 모태로부터 성령의 충만함을 받아 이스라엘 자손을 하나님께 많이 돌아오게 할 것이라 말씀하셨고, 하나님의 말씀대로 엘리사벳은 요한을 낳았다.

친정 엄마는 불임 기간에 하나님을 더욱더 알아가고 성경 속의 불임 여성들처럼 위대한 자손을 낳기를 원하셨던 것 같다.

그리고 마침내 의학적으로 자연 임신을 할 수 없다는 판정을 들었던 우리 부부는 그해 11월 자연 임신이 되었다. 2001년 10월 4일 〈조선일보〉에는 기도를 하면 불임 치료에 효과가 있다는 기사가 실렸다. 1998~1999년 서울 차병원에서 불임 치료를 받은 환자 199명의 사진을 미국, 캐나다, 호주에 있는 기독교 성도들에게 주고 이들이 임신에 성공하도록 기도해 달라는 부탁을 했다고 한다. 그리고 기도를 해주는 사람이 없는 환자 그

률과 임신 성공률을 비교했다. 그 결과 환자를 전혀 모르는 사람들이 기도를 해준 그룹이 그렇지 않은 그룹보다 임신 성공률이 2배 높았다고 한다. 우리 부부 역시 우리의 임신은 기도의 힘이었다고 믿는다.

우리 부부를 위해 정말 많은 분들이 기도해주셨다는 것을 알고 있었다. 우리가 임신 소식을 전했을 때 내 일처럼 기뻐해주시고 눈물을 흘리시는 분들을 많았다. 진심으로 누군가를 위해 기도하지 않았다면 나올 수 없는 눈물이었다. 어떠한 방법이든 '우리가 엄마아빠가 된다!'라는 소식은 말로는 형용할 수 없는 감정이다.

내 삶에서 무언가를 이렇게 간절히 원했던 적이 있었나 싶다. 그 당시에는 너무나 힘들었지만 돌아보니 간절히 원하고 노력한 자만 알 수 있는 성취감을 알게 하시려고 나에게 주셨던 시련이었다.

R. Kelly, 'I believe I can fly'

제목부터 힘을 주는 너무나 유명한 곡. 자신감이 없을 때 이 곡보다 더 힘을 주고 위로가 되는 곡이 있을까 싶다. 노래를 들으면 무엇이든 할 수 있을 것 같은 자신감을 얻게 된다.

I used to think that I could not go on

사는 게 그저 끔찍한 노래 같았죠

And life was nothing but an awful song

삶을 계속할 수 없다고 생각하곤 했어요

If I can see it, then I can do It

믿음만 가진다면 어려울 것 없어요

If I just believe it, there's nothing to it

볼 수 있다면 할 수 있는 거예요

I believe I can fly

난 날 수 있다고 믿어요

I believe I can touch the sky

저 하늘에 닿을 수 있을 거라 믿어요

I think about it every night and day

매일 밤낮 생각을 해요

Spread my wings and fly away

날개를 펴고 저 멀리 날아가리라고

I believe I can sore

난 높이 날아오를 수 있으리라 믿어요

I see me runnin through that open door

활짝 열린 문으로 달려가는 내가 보여요

I believe I can fly

난 날 수 있을 거라 믿어요

See, I was on the verge of breakin down

보세요, 난 무너지기 일보직전이었어요

Sometimes silence can seem so loud

어떤 침묵의 시간은 너무도 소란스러울 수 있어요

There are miracles in life I must achieve

삶에는 거머쥘 기적들이 있어요

But first I know it starts inside of me

하지만 시작은 내 안에서 출발하는 거죠

Cause I believe in me

왜냐면 난 내 자신을 믿거든요

엄마라는 타이틀을 처음 얻은 그때

더 어려운 선택과 더 쉬운 선택 사이에서 더 어려운 선택을 하는 것,
그것이 자기 자신과의 싸움에서 이긴 것이다.
힘든 선택일수록 인생은 더 쉬워지고, 쉬운 선택을 할수록 인생은 더 어려워지기 때문이다.
– 예지 그레고리(세계 역도 선수권자)

임신의 기적

누구에게는 쉬울 수도 있는 임신이 나에게는 너무나 힘들고 고통스러웠다. 임신을 기다릴 때에는 작은 몸의 변화에도 임신이 아닐까? 수없이 임신 초기 증상을 찾아보고 혹시 나와 같은 증상은 없는지 비슷한 증상이라도 있으면 기대감에 며칠을 보내고 허무함에 슬퍼했다. 그러나 정작 임신이 되었을 때에는 그동안 수없이 봐서 익숙한 증상들이 하나도 나타나지 않았다. 아마도 모든 것을 내려놓은 상태였기 때문에 아무것도 느끼지 않은 것은 아닐까 싶다.

수없이 써왔던 임신 테스트기였다. 상처받기 싫어 감정을 나누지 않고 혼자만의 벽을 쌓고 있는 사람처럼, 매번 같은 결과가 나올 것을 알지만 그냥 한번 해보자는 마음이었다. 결과를 보지도 않고 그냥 화장실을 나왔다. 하루는 출근 준비로 화장실에 들어간 남편이 물어본다.

"이번에는 어때? 확인했어?"

"뭘 물어봐, 보나마나 똑같겠지…."

"근데 한 줄이 나와야 하는 거지?"

"그러니까, 우리는 매번 한 줄이야. 2줄이 나와야지…."

"2줄 나와야 한다고?"

오늘따라 왜 테스트기 가지고 난리인지.

'그냥 내가 확인한 후 버리고 나올 걸….'

후회가 밀려온다. 다른 이야기하고 싶은데 자꾸 물어보니 짜증이 나기 시작한다.

"그래, 2줄이라고 2줄!"

"2줄인데?"

남편이 잘못 보았다고 생각한 나는 남편 손에 있던 테스트기를 빼앗았다. 정말 2줄이다. 나는 내가 잘못 본 줄 알았다. 그런데 다시 확인해봐도 2줄 맞다, 아주 선명한 2줄이었다. 이런 경험이 처음이라 혹시 테스트기가 고장이 아닐까 생각했다.

"이거 혹시 고장 난 거 아니겠지?"

"다른 거 없어?"

"다른 회사 제품으로 다시 한 번 해보자."

다른 회사 제품으로 다시 한 번 테스트를 진행했다. 이번에도 결과는 2줄. 임신이었다.

갑자기 머리가 멍해지고 무슨 말을 해야 할지 몰랐다.

"…."

"임신이다!!"

우리 둘은 얼싸안고 기쁨과 환희의 환호성을 질렀다. 그동안의 마음고생이 다 끝나는 순간이었다.

그리고 몇 주 뒤, 병원에서 확실히 임신을 확인하고 친정으로 달려갔다. 임신 소식을 알려드리니 친청 엄마는 얼마나 많은 눈물을 흘렸는지 모른다. 남편도 나도 같이 울었다.

임신 소식을 알게 되고 며칠 후부터 보이는 것이 다 먹고 싶었다. 임산부들이 흔히 먹는 입덧이라고 말하는 먹덧이었다. 속이 비면 참을 수 없었다. 먹고 또 먹었다. 드라마에서 보면 임신 중인 여자들은 그렇게 한겨울에 복숭아나 수박을 찾고, 한 여름에는 군고구마나 딸기를 찾더라. 힘들게 찾아서 사오면 쳐다보지도 않고. 임산부는 다 그런 줄 알았는데 나는 아니었다.

제일 아쉬운 게 두 아이 낳으면서 한 번도 남편을 시켜보지 못한 것이다. 초기에는 속이 울렁거림이 심했는데 라면을 먹으면 괜찮았다. 평소엔 안 먹던 빨간색 매운맛 라면을 하루에 하나씩은 꼭 먹었던 듯하다. 첫 아이 임신 중 딱 한 번 정말 먹고 싶었던 것이 있었는데 바로 골뱅이소면이었다. 토요일 오전 병원 진료를 보고 나오는데 맥주 안주로 자주 먹는 골뱅이소면이 정말 너무 먹고 싶었다. 그런데 토요일 오전. 그 음식을 파는 곳이 있을 리가 없었다.

"엄마, 골뱅이가 먹고 싶어."

나의 말에 엄마가 해주셨던 골뱅이무침을 누가 뺏어먹을까 정말 맛있게 먹었던 기억이 난다.

한번은 퇴근하는 남편이 검은 봉지에 무언가를 들고 들어오는 것이 아닌가. '나 주려고 뭘 사왔나?' 하고 열어봤더니 김이 모락모락 피어나는 손두부가 들어있었다.

"버스 정류장에서 걸어오는데 이 두부가 너무 먹고 싶었어!"

180cm 가까운 키에 50kg대 몸무게의 소유자인 남편. 한 번도 뭐가 먹고 싶다고 말했던 사람이 아닌데, 평소에는 먹지도 않던 손두부라니…. 집에 있는 김치를 꺼내서 두부에 올려먹는데 이건 얼마 전 골뱅이무침을 먹던 나의 모습을 보는 듯했다.

가끔 남편이 대신 입덧을 했다는 글을 본 적이 있는데 아마도 남편이 나의 입덧을 대신 해주었던 것 같다.

많은 임산부들은 임신을 하면 냄새 때문에 냉장고 문 여는 것도 힘들다고 하던데 나는 다행히 그런 증상은 없었고 빈속이 되면 울렁거림이 심해 간식거리를 잔뜩 구비해두었다. 이렇게 먹기만 하면 참 행복했을 텐데…. 곧 구토 증상이 시작되었다. 열심히 먹고 나면 화장실로 달려가 변기와 한 몸을 이루었다. 그리고 이 증상은 임신 6개월쯤까지 이어졌다. 곧 내가 먹은 음식물을 확인하게 되는 것을 알면서도 먹을 수밖에 없다는 사실이 참 슬펐다.

그렇게 기다렸던 임신 소식이었는데…. 바로 얼마 전까지 아이를 갖지 못해 눈물로 기도하던 나 아니었나? 화장실에 들어갈 때와 나갈 때 마음이 다르다더니 그렇게 바라고 원하던 임신이 되었는데 나는 그 기쁨과 감사한 마음을 벌써 잊은 듯 불평과 불만이 가득했다. 앞으로 임신 기간에 어떤 일이 벌어질지 이때는 알지 못했다.

파란만장 임신 기간

나와 남편은 교회 찬양팀에서 만나 결혼을 했다. 나는 싱어, 남편은 반주자였다. 임신을 해서도 계속 봉사를 해왔는데 남편은 주일 예배 오르간 반주를, 나는 찬양을 했다.

임신 3개월쯤이던 어느 주일날. 찬양을 하는데 갑자기 앞이 잘 보이지 않고, 속이 답답하며, 식은땀이 흐르기 시작했다. 두 다리는 가만히 서 있기 힘들 정도로 힘이 빠지고 있었고 나는 당장이라도 주저앉고 싶었다. 하지만 내 앞에는 수를 셀 수 없는 많은 눈들이 나를 향해 있었다. 무대를 내려갈 수도 앉아 쉴 수도 없었다. 어떻게 찬양을 했는지 기억이 나지 않는다.

"조금만 있으면 기도 시간이야. 참아야 해."

수십 번 혼자 되뇌었다. 그러나 다시 눈을 떴을 때 나는 무대 위에 서 있지도, 무대 아래 나의 자리에 앉아 있지도 않았다. 담임 목사님과 새가족이 인사를 나누는 새가족실 소파 위에 내가 누워 있었다. 기도가 시작되고 나서 내가 갑자기 쓰러졌고, 예배당 뒤에 계셨던 목사님과 전도사님들은 나를 보시고는 어쩔 줄 몰라 하셨다고 한다. 다행히 같이 찬양을 하시던 남자 집사님이 나를 업고 무대를 내려와 소파가 있는 곳에 눕히신 것이었다. 많은 분들의 걱정과 기도 때문이었는지 나는 금방 일어날 수 있었다. 내가 쓰러진 시간이 기도 시간이라 성도들이 보지 못하셨다는 것은 정말 다행이었다. 남편도 반주 중이라 내가 쓰러졌다는 사실을 예배 후에야 알 수 있었으니 말이다. 내가 찬양 중 쓰러졌다면 그날의 예배는 아수라장이 되었을 것이다. 초기 임산부였던 나와 아이는 아무 이상이 없었고 우리는 감사했다.

나는 참 털털한 성격의 소유자다. 임산부라면 내 몸을 소중히 여길 줄도, 조심할 줄도 알아야 하는데 그렇지 못했다. 학교 다닐 때에도, 회사에 다닐 때에도 걸어가다가 다리가 꼬여 혼자 넘어지는 일이 많이 있었다. 임신 중에도 나는 열심히 걸어가다가 넘어지고 말았다. 배가 불러오기 시작하는 6개월 무렵이었다. 무릎은 다 까져서 피가 났고 배도 바닥에 부딪혔다. 아이가 걱정되기 시작했던 나는 병원에 전화를 걸었다.

"제가 길을 가다가 넘어졌는데요…. 혹시 괜찮을까요?"

“아이의 태동이 잘 느껴지시나요? 엄마 배 속에 있는 양수가 아이를 보호하고 있어요. 그리고 우리의 생각보다 배 속의 아이는 강해요.”

선생님은 나를 위로해주셨다. 배가 불러오면서는 부종도 심해졌고 나는 임신 전보다 20kg 가까이 살이 찐 상태였다. 갑자기 불어난 몸무게와 하루가 다르게 불러오는 배는 감당하기 어려웠다.

하루는 아침에 일어나 비몽사몽한 상태로 침대에서 내려오다가 바닥에 떨어져 있던 이불을 밟은 건지, 이불에 걸렸던 것인지 이불과 함께 넘어졌다. 한 번 넘어진 경험 때문이었을까? 양수가 아기를 보호해준다는 말씀이 생각나서 아이 걱정은 크게 하지 않았다. 아이보다는 내 몸 하나 스스로 통제할 수 없다는 사실에 화가 나고 슬프기만 했다. 아이를 갖기 위해 노력하고 기도했던 모든 것은 다 잊었고 오로지 아이 때문에 내가 둔해지고 몸이 무거워져서 이런 상황이 발생한 거라며 아이를 원망했다.

출산을 2주 정도 남긴 8월의 어느 더운 여름날, 가만히 있어도 땀이 흘러내리는 한 여름. 에어컨 바람은 머리가 아프고 선풍기만으로도 여름을 날 수 있을 정도로 더위엔 강한 나였지만 임신 후에는 여름이 오기 전부터 더위를 참지 못하고 있었다. 이날은 출산 전 마지막 검진을 가고 있는 중이었다. 모든 상황이 덥고 짜증만 나던 만삭 임산부.

‘왜 오늘은 이 길로 가는 거지….’

그냥 나는 기분이 좋지 않았다.

'아마도 날씨 때문일 거야….'

스스로를 위로했지만 왜 슬픈 예감은 틀린 적이 없는 것일까? 이날 우리는 주택가 골목길에서 접촉사고를 당했다. 심한 사고는 아니었지만 나는 언제라도 출산이 가능한 만삭 임산부 아니던가. 다행인 것은 우리가 지금 병원에 검진을 받으러 가는 중이었다는 사실이다. 병원에 도착해 검사를 받았지만 아이는 평소처럼 아주 건강했고 이상 없이 잘 놀고 있었다. 임신 중 걸려 넘어지고 쓰러지고 교통사고를 당했음에도 배 속의 아이에게는 한 번도 문제가 생기지 않았다.

하나님이 우리 아이를 건강히 지켜주고 계신다는 사실을 이번에도 느낄 수 있었다. 건강하게 출산까지 하고 아이를 만날 수 있을 것이라고 생각했지만 임신과 출산은 너무도 달랐다.

아이가 커져가는 기쁨, 그리고 허전함

지금이야말로 일할 때다. 지금이야말로 싸울 때다.
지금이야말로 나를 더 훌륭한 사람으로 만들 때다.
오늘 그것을 못하면 내일 그것을 할 수 있는가.
– 토마스 아 켐피스(성직자)

한 번도 겪어보지 못한 고통

하늘이 노래져야 아이를 만날 수 있다고 출산 경험이 있는 분들에게 많이 들었다. 모든 임산부가 그렇듯 출산이 가까워질수록 나 역시도 건강히 출산하기만 바랐다. 다른 임산부들을 보면 예정일이 다가올수록 배가 밑으로 내려오는 모습을 많이 볼 수 있는데 나는 달랐다. 예정일은 다가오는데 배는 내려올 생각을 안 했고 여전히 불러오는 배로 인해 먹는 것도, 숨 쉬는 것도 힘들었다.

예정일을 이틀 남기고 진통이 왔다. 예정일을 앞두고는 가진통이 많기 때문에 이번에도 진통이 금방 그칠 것이라고 생각했다. 하지만 진통은 멈추지 않았고, 진통이 오는 시간을 체크하기 시작했다. 10분 간격으로 진통이 오면 병원에 가야 한다는 사실은 잊지 않고 있었으니까. 10분 간격으로 진통이 오는 듯 했다. 남편과 함께 병원으로 달려갔다. 아침 7시 병원에 도착했다. 그리고 오후 2시까지 약 7시간 정도 진통을 겪었다. 그러나 진통의 강도만 강해질 뿐 진행은 되고 있지 않다고 하셨다. 선생님은 유도분만을 권하셨다. 유도제를 맞고 조금 지나니 엄청난 진통이 시작되었다. 이것은 살면서 한 번도 경험해보지 못한 고통이었다. 병원에 와서 내가 겪었던 진통과는 비교도 할 수 없었다. 악! 소리가 절로 나왔다. 하늘이 노래진다는 말의 의미를 이제야 알 것 같다. 이 끔찍한 고통이 계속될 것만 같았지만 곧 나에게도 평화가 찾아왔다. 바로 무통주사.

척추 쪽에 맞는 무통주사는 고통에 시달리던 나를 아주 평온하게 만들어주었다. 나는 이제 고통 없이 우아하게 출산을 할 것이라고 생각했다. 하지만 그것은 나만의 착각이었다.

아이를 출산할 수 있을 정도로 충분히 자궁이 열렸고 출산 준비가 다 끝났음에도 나는 배 속에서 놀고 있는 아이의 발차기를 고스란히 느낄 수 있었다. 출산 준비가 시작된 것은 나였지 아기는 아니었다. 곧 내 배 위로 분만실 간호사들 세 분이 올라오셨다. 의사 선생님의 구호와 함께 간호사분들은 힘껏 아이를 밑으로 밀어내기 시작했다. 무통주사로 척추 밑으로는 고통이 느껴지지 않았지만 성인 3명의 힘은 진통과 맞먹는 아픔이었다.

"선생님, 저 수술하면 안 돼요? 너무 아파요."

"안 돼요! 이제 아기 머리 보여요. 힘주세요."

그 순간 얼마나 선생님이 원망스럽던지…. 여자는 약하지만 엄마는 강하다고 했던가. 나는 모든 역경을 이겨내고 드디어 출산에 성공했다! 아이의 울음소리가 들린다. 하지만 기쁨과 행복함과 감격의 순간도 잠시, 내 가슴 위에 안겨 있던 아이는 다급하게 인큐베이터에 들어가게 되었다.

아이의 심장 박동에 문제가 있다는 것이었다. 모든 것이 다 나의 잘못 같았다. 내가 10달 동안 아이를 잘 지키지 못해서 아이가 세상 빛을 보자마자 인큐베이터에 들어가게 된 것이라는 자책만이 가득했다. 아이가 잘못될지도 모른다는 불안감이 엄습해왔다. 그러나 기다리는 것만이 내가 할 수 있는 일이었다. 정신 나간 사람처럼 울다 잠들기를 반복한 끝에 다음 날 아침 나는 건강해진 아이를 만날 수 있었다.

첫 손자를 너무나 기다렸던 외할머니는 산후도우미 자격증을 취득해서 나의 몸조리와 함께 100일 무렵까지 아이의 양육을 도맡아주셨다. 엄마 때문에 나는 신생아를 키우는 어려움을 느끼지 못한 채 아이가 커가는 기쁨이 가득한 하루하루를 보냈다. 아이를 낳은 후 겪는다는 출산 후 우울증도 없었고 나는 너무나 행복했다. 하지만 내게 없던 산후우울증을 남편이 대신 겪어주었다.

GO TO THE HELL육아

산후우울증은 출산을 한 엄마에게만 찾아오는 것이라고 생각하지만 남편에게도 찾아올 수 있다. 임신과 출산, 양육은 엄마 혼자의 몫이 아니라 부부가 함께 겪고 함께 성장해가는 과정이기 때문이다.

뉴질랜드의 연구에서 보고된 바에 따르면 처음으로 아빠가 된 남편 100명 중 15명은 산후우울증에 시달린다고 한다. 엄마의 산후우울증은 출산이라는 과정 안에서 호르몬의 변화에 따른 것이지만 남편은 좋은 아빠, 좋은 남편에 대한 부담감 때문이라고 한다.

나에게는 친정 엄마의 산후조리와 육아가 도움이 되었지만, 남편에게는 아빠가 되는 연습과 기회를 빼앗는 결과를 가져왔다. 내가 아이를 바라고 원했던 것처럼 남편 역시 그랬다. 바라고 원하던 아이가 눈앞에 있는데 남편은 아이를 안을 기회조차 얻기가 힘들었다.

처음은 누구나 겪는 것이다. 내가 처음 엄마가 되었듯 남편 역시도 아빠가 처음이었다. 아빠의 역할이 익숙하지 않은 것은 당연했다.

처음 아빠가 된 남자가 신생아를 안고 있는 모습을 잠깐 상상해보라. 아기를 어떻게 안아야 할지 몰라 당황하고, 혹시나 아이를 떨어뜨릴까 보는 사람을 얼마나 불안하게 만드는지….사위가 손자를 안고 있는 모습이 불안했던지 친정 엄마는 남편이 아이를 안을 때마다 이렇게 말했다.

"놔둬, 놔둬. 내가 안을게. 그렇게 안으면 안 돼!"

아이가 보고 싶어 퇴근하자마자 집으로 달려온 남편은 그렇게 새로운 환경에 적응하지 못하고 겉도는 느낌을 받았다고 했다. 친정 엄마가 집으로 돌아가신 밤이 되어서야 초보아빠는 아이를 안을 기회를 얻을 수 있었다. 나에게는 편했던 친정 엄마의 산후조리가 남편에게는 힘들 수 있다는 것을 그때서야 알았다.

육아에 익숙해질 무렵 우리에게는 둘째가 찾아왔다. 첫아이 때는 그렇게 어렵던 임신이었는데 둘째는 너무나 쉽게 우리에게 와주었다. 둘째는 임신 기간 중에도, 출산도 크게 기억하는 것이 없을 정도로 수월하게 지나갔다. 우리 둘째도 태어나서 바로 인큐베이터에 들어갔다는 것만 빼고는 말이다. 둘째는 태어나자마자 자가 호흡이 되지 않는다고 했다. 두 번째지만 절대로 익숙해지지 않는 경험이다. 그래도 한 번의 경험 덕에 내 탓이라고 생각하기보다는 금방 만날 수 있다는 희망을 가졌다. 다행히 둘째도 하룻밤 만에 인큐베이터에서 나올 수 있었다. 둘째도 쉽게 키울 수 있을 것이라 생각했지만 육아라는 것은 그렇게 쉬운 일이 아니었다. 두 아이를 키운다는 것은 한 아이만 키울 때와는 너무나 달랐다. 같은 배 애서 나온 아이들이 이렇게도 다를 수 있을까?

'나는 역시 육아 체질이야!'

이것은 나의 착각이었음을 깨닫는 데는 며칠 걸리지 않았다. 둘째 때는 육아에서 경험할 수 있는 거의 모든 것을 겪었다.

'신생아는 먹고 자는 것이 다라고 했던가….'

잠든 것을 확인하고 눕히면 깨고, 자지러지게 울기 시작했다. 다시 안아주면 언제 그렇게 울었냐는 듯 조용해지고…. 도저히 잠을 잘 수가 없었다. 하루 종일 아이를 내려놓을 수도 없었다. 거기다 나에게는 이제 25개월이 된 세상 모든 것에 호기심 가득한 첫째가 있었다. 어린이집에 가 있는 시간에는 둘째만 돌보면 되지만 첫째가 돌아오는 시간 후에는 그야말로 전쟁이었다. 둘째가 100일쯤 될 때까지 출산한 것을 얼마나 후회했는지 모른다. 첫째는 너무나 사랑스러웠는데 둘째가 태어나고 나니 두 아이가 너무 미웠다. 나도 한때 커리어우먼이었는데…. 하지만 거울 속에는 목이 늘어진 티셔츠와 헝클어진 머리, 생기라고는 찾아볼 수 없고, 언제 씻었는지 알 수도 없을 만큼 지저분한 여자가 보인다.

'앉아서 밥을 먹은 때가 언제였더라….'

밥이라도 먹을 여유가 있다면 다행이다. 오늘은 미친 사람처럼 첫째에게 소리를 지르고 화를 내고 있는 나를 발견했다. 많은 심리학자들이 말하는 형제간 가장 위험한 터울은 2살이다. 생후 16개월에서 24개월까지는 '마의 시기'라 불릴 정도로 불안정한 때이다. 이 시기에 동생이 태어나면 첫째가 엄마에게 버려지거나 더 이상 자신을 돌봐주지 않을 것이라는 불안감과 동시에 동생에게 엄마의 사랑을 빼앗겼다는 피해의식을 느낄 수 있다고 한다. 심리학자 아들러는 이러한 첫째의 마음을 '동생에게 왕좌를 빼앗긴 상처'라고 불렀다고 한다.

난임 시절에는 임산부만 봐도 부러웠고, 아이를 낳고 수유하는 모습, 수면 부족으로 힘들어하는 모습조차도 부러워하던 때가 있었는데 감사하지 못하고 있었다.

언제쯤 나는 이 지옥 같은 생활에서 벗어날 수 있을까 싶었지만 다행히 아이들은 하루가 다르게 커간다. 출산 후 한 번도 예뻐 보이지 않았던 둘째가 너무나 예쁘다.

'우리 딸 웃는 모습이 이렇게 사랑스러웠구나. 우리 딸 눈이 정말 크고 예쁘구나.'

한때는 벗어나고 싶은 지옥이었는데 이제는 첫째와 둘째가 더 이상 크지 않고 계속 이 상태로 있었으면 좋겠다는 말도 안 되는 생각까지 한다. 내가 두 아이를 낳지 않았다면 어쩔 뻔 했나 싶을 정도로 내가 가장 잘한 일이 두 아이를 출산한 일인 것 같다. 까르르 웃는 두 아이의 웃음소리가 가득한 우리 집. 아프지 않고 건강한 두 아이가 있어 감사하고, 엄마로 아내로 살아가는 내가 너무 좋다.

결혼을 하겠다고 처음 시댁에 방문했던 날, 젊은 시절부터 환갑이 넘으신 지금까지 일을 하고 계신 어머니는 나에게 이런 말을 하셨다.

"절대로 일하지 마. 아이 낳아서 잘 키우는 게 최고야!"

"내 아들이지만 남자들은 집안일에 하나도 도움이 안 돼. 일하고 아이 키우면 망가지는 건 여자 몸이야."

그때는 직장에서 퇴직한 후였고, 나 역시 맞벌이하시는 부모님 밑에서 자라왔기 때문에 아무도 없는 텅 빈 집에 들어갈 때 느껴지는 외로움에 대해 너무나 잘 알고 있었다. 그래서 나는 엄마가 되면 절대로 일을 하지 않겠다고 다짐했다. 내가 학교 끝나고 집에 왔을 때 맞아주는 엄마가 있으면 좋겠다고 항상 생각했었으니까, 그리고 내 마음을 들여다보시듯 말씀해주시던 어머니가 계셨다.

"내가 조금 더 노력할게. 집에서 아이 키워줘."

이렇게 말해주는 남편이 있기에 '절대로 다시는 일을 하지 않을 거야.'라고 항상 생각했다. 그러나 아이들이 커가고 시간적 여유가 생길수록 일을 하고 싶다는 마음이 생기기 시작했다. 하지만 다시는 직장인으로 살고 싶지 않았다.

'엄마와 아내로 살면서 경제적으로 도움이 되는 일은 없는 것일까?'

지금 나는 그 물음에 대한 해답을 찾아가고 있는 중이다.

나를 위로해준 것들

영화 〈어바웃타임(About Time)〉

지금 이 순간이 가장 소중함을 알게 해주는 영화다. 하루하루를 의미 없이 보내는 당신에게 이 영화를 추천한다. 우리는 매일 시간 여행을 하는 셈이다. 그러니 이 여행을 후회 없이 즐기자.

"I now don't travel back at all."

나는 더 이상 과거로 시간 여행을 하지 않는다.

"I just try to live every day as if I've deliberataly come back to this one day to enjoy it as if it was the full final day of my extraordinary, ordinary day."

또한 오늘이 특별하면서도 평범한 내 인생의 마지막 날인 것처럼, 매 순간을 즐길 뿐이다.

"We've all travelling through time together ever day our lives. All you can do is do our best to relish this remarkable ride."

우리 모두는 평생 함께 시간을 여행해 왔다. 네가 할 수 있는 것은 이 놀라운 놀이기구를 즐기기 위해 최선을 다하는 것이다.

2장

시행착오,
주부의 모든 도전은
아름답다!

주부 모델 : 드레스와 하이힐, 눈물

스스로 자신을 위하여 노력하지 않는다면 누가 당신을 위하여 노력해주겠는가?
지금 그것을 하지 않는다면 언제 할 수 있는 날이 있겠는가.
– 랍비 힐렐(이스라엘 현자)

텔레비전에 내가 나왔으면 정말 좋겠네!

텔레비전에 내가 나왔으면 정말 좋겠네 정말 좋겠네
텔레비전에 내가 나왔으면 정말 좋겠네 정말 좋겠네
춤추고 노래하는 예쁜 내 얼굴
텔레비전에 내가 나왔으면 정말 좋겠네 정말 좋겠네

이 노래를 기억하는가? 이 곡은 내가 국민학교 시절(우리나라에서는 일본 강점기인 1941년 일본왕의 칙령으로 '황국신민의 학교'라는 의미인 '국민학교'라는 용어를 사용했다. 1945년 8.15광복 이후에도 계속 사용해오다가, 민족 정기 회복 차원에서 1996년 3월 1일부로 '초등학교'初等學校로 명칭을 변경하였다. 나는 1996년 2월 국민학교를 졸업한 마지막 국민학교 세대이다.) 이 곡은 음악 시간에 배웠던 '텔레비전'이라는 노래이다.

나는 어린 시절부터 텔레비전에 내가 나오는 모습을 상상했다. 탤런트가 되어 멋지게 연기를 하고 있는 내 모습 말이다. 그러나 그런 꿈은 한때 누구나 한 번쯤 상상해보는 것이라 생각했고, 꿈을 잊은 채 성인이 되었고 결혼을 했다.

유부녀가 되고 취업이 만만치 않다는 것을 몸소 체험했을 때, 매일 일하러 나가지 않아도 된다는 기쁨과 함께 무언가를 해야만 할 것 같다는 2가지 마음이 나를 에워쌌다. 물론 남편은 한 번도 나에게 다시 일을 하라는 말을 하지 않았다. 하지만 나 혼자서 위축되고 무언가를 해야 할 것만 같은 압박감을 느끼게 되었다.

그때 다시 생각난 것이 텔레비전에 나오고 싶다는 어린 시절의 꿈이었다. 부모님과 함께 미스코리아 선발대회를 시청하며 '나도 커서 저런 곳에 서야지.'라고 다짐했던 것이 내 머릿속을 스쳐 지나갔다. 그리고 나는 우연히 주부 모델 대회에 대해 알게 되었다.

주부 모델이라…. 아주 생소했다. 모델이라는 단어를 들었을 때 나는 모두가 상상하듯 패션쇼에 서는 키가 크고 몸매가 아주 예쁜 젊은 여성이 떠올랐다.

"주부 모델이라고? 아줌마가 무슨 모델을 해."

웃어넘기다가 '도대체 주부 모델은 무엇을 하는 것일까?'라는 호기심에 나는 아무런 정보도 없이 대회에 지원을 했다.

"할 일도 없는데 그냥 한번 해볼까?"

주부 모델을 뽑는 것이어서인지 키도, 나이도 제한이 없었다. 대회는 나처럼 키가 작은 사람은 뷰티모델 쪽으로, 키가 큰 사람은 패션모델 쪽으로 지원이 가능했다. 고민도 기대도 없이 뷰티모델로 지원을 했다. 기대하지 않았지만 나는 본선무대에 진출이 가능하다는 연락을 받았다. 그리고 대회 전까지 주최 측에서 준비한 교육을 받을 수 있었다.

무식하면 용감하다고 했던가? 모델에 대해 아무것도 모르고 대회에 지원한 내가 얼마나 무모했는지를 알게 되는 데는 그리 오랜 시간이 걸리지 않았다. 교육장에 첫 발을 내딛기도 전에 나는 알게 되었다.

"저 여자들이 주부라고? 말도 안 돼."

나는 내 눈을 의심했다. 내가 모델이라는 단어를 들었을 때 상상하던 모습의 그녀들이 바로 그곳에 있었다. 한 가지 다른 점이 있다면 그녀들이 '주부'라는 또 하나의 이름을 가졌다는 것뿐이었다. 내가 교육장에 들어가 처음 인사를 나누었던 분은 아이를 둘 낳으셨고, 큰아이가 초등학생이라고 하셨다. 그 말을 듣고 놀란 입이 다물어지지 않았다.

'저 개미허리가 어떻게 두 아이를 출산한 여성의 몸이란 말인가.'

교육장으로 들어오는 대부분의 참가자는 내가 처음 만난 분의 모습과 다르지 않았다.

'여긴 어디? 나는 누구? 나 여기 왜 있는 거니….'

내가 이곳에 있다는 것 자체가 정말 말도 안 되는 것이었다.

새로운 세계

우선 키 순서로 5명씩 조를 짜게 되었다. 나는 1조에 편성되었고 당연히 1번이었다. 2번은 20대 초반에 아기 같은 고운 피부와 얼굴을 가진 아기 엄마, 3번은 프리랜서 아나운서로 활동 중이셨고, 4번은 전직 승무원이었다. 5번은 개미허리에 이국적인 얼굴의 벨리댄스 강사. 한 명 한 명 만날수록 이곳은 내가 있을 곳이 아니라는 생각이 더욱 확고해졌다. '내가 대회 나갈 수 있을까?' 혼란스럽기만 했지만 그만둘 수는 없었다. 내 머릿속이 어지러운 그 순간에도 대회를 위한 교육은 시작되고 있었다.

나는 우리 조에서 2번째로 나이가 어려서 조원들에게 언니라고 부르며 다가갔고 우리는 모두 기혼자라는 공감대가 있어서인지 아주 쉽게 친해질 수 있었다. 주최 측에서 우리의 수다 때문에 교육 진행이 어렵다는 말을 할 정도로 말이다.

첫 교육은 카메라 앞에서 떨지 않도록 카메라에 익숙해지는 것이었다. 어린 시절 꿈만 꾸었지 전혀 알지 못하는 새로운 세계였다. 카메라 앞에서 한 명씩 동영상을 찍어보기도 하고 프로필 사진을 위한 포즈와 표정 연습도 할 수 있었다. 모델들이 쇼에서 사용한다는 워킹도 배워보았다. 처음 마음과 다르게 새로운 것을 배워가는 재미가 있었다. 이곳이 아니면 내가 어디서 이런 것들을 배울 수 있을까? 모든 것은 마음먹기에 달렸다는 것을 느꼈다. 모든 것이 처음이었던 나는 조원들에게 의지했고, 어쩌면 우리 조원들은 나를 위한 사람들이 아닐까 싶을 정도로 나는 그들에게 많은 것을 배웠다.

동영상을 찍는 실습을 할 때나 대회 중 자기소개 연습을 할 때 목소리 톤이나 억양, 발음에 관한 것은 현직 아나운서인 3번 언니가 나의 선생님이었다. 대회 팸플릿에 들어가는 사진을 찍을 때에는 자연스럽고 예쁘게 웃는 방법은 승무원 출신 4번 언니가 지도해주었다. 교육 기간에 우리 모두에게 가장 많은 연습이 필요했던 것은 대회 중간에 있는 장기자랑이었다. 주어진 시간 안에 곡을 고르고 안무 연습을 하는 것이 쉬운 일이 아니었다. 무대 위에서 춤이라는 것을 춰본 경험이 있는 주부가 얼마나 될까? 모든 참가자는 이 시간을 제일 힘들어했다. 나 역시도 고등학교 시절을 마지막으로 춤이라는 것을 춰보고 연습해본 기억이 없었다. 그러나 아주 다행이었던 것은 우리 조에 벨리댄스 강사인 5번 언니가 있다는 사실이었다. 무대 경험이 많은 언니 덕분에 곡을 고르고 안무를 짜는 것이 아주 쉽게 진행되었다. 다른 조에서 부러워할 만큼 우리 조는 장기자랑 연습시간이 아주 즐거웠다. 물론 나에게는 아주 어려웠지만 말이다.

대회의 마지막을 장식하는 것은 드레스 심사다. 우리는 참가자에게 어울리는 드레스를 협찬사에서 제공받을 수 있었다. 많은 참가자들이 이 시간을 가장 좋아했던 것으로 기억한다. 나는 대회 연습 기간이 결혼 1달 뒤였기에 메이크업을 하고 드레스를 입었던 기억이 생생했다. 하지만 많은 참가자들은 결혼식 이후에 다시 드레스를 입을 수 있다는 사실에 흥분했고, 기뻐했다. 지금에서야 참가자들이 왜 그토록 드레스를 입을 수 있다는 것에 기쁨을 감추지 못했는지 알겠다. 이 대회 이후 나 역시도 다시는 드레스를 입을 날이 오지 않았다.

4주에 걸친 교육을 마치고 드디어 대회 날이 밝았다. 대회장은 서초동에 있는 삼성 딜라이트 홍보관. 이른 아침부터 우리는 분주했다. 대회 마지막 리허설과 메이크업을 끝내야 했다. 대회장 뒤편을 보니 우리를 아름답게 변신시켜줄 메이크업, 헤어, 의상 담당 아티스트들이 대기하고 계셨다.

'내가 정말 대회에 참가하는구나.'

메이크업과 헤어 후 거울을 보니 이 모습이 과연 내 모습인가 싶을 정도로 변화된 모습이었다.

'이것이 바로 전문가의 손길이구나!!'

내 모습에 감탄할 시간도 없다. 우리는 지금부터 주어진 시간에 맞춰 대회 준비를 해야 했다.

드디어 대회가 시작되었다. 모든 참가자는 주최 측에서 준비한 하얀색 셔츠와 청바지를 입고 첫 심사인 캐주얼 심사를 준비했다. 참가번호 1번 내 이름이 호명되었다. 나는 당당히 걸어나가서 준비한 자기소개 멘트를 끝냈다. 그리고 편하게 쉴 시간 없이 의상을 갈아입고 조별 장기를 보여주었다. 높은 힐을 신고 춤추는 것이 쉽지 않았지만 신나는 음악에 맞춰

그동안 연습한 무대를 보여주고 있었다. 나는 무대를 즐기고 있음을 느낄 수 있었다. 마지막은 바로 모두가 기대한 드레스 심사. 우리는 드레스를 입고 멋진 워킹으로 무대에 다시 올랐다. 오늘 하루를 위해 우리는 많은 것을 준비했다. 긴 시간은 아니었지만 준비했던 과정을 생각하니 눈물이 나올 것 같다. 주최 측에서 준비한 상에 수상자들이 호명되면서 꿈 같았던 대회는 끝이 났다.

무대 뒤에서는 수상자도, 참가자도 하나로 어울려 뒤풀이가 시작되었다. 우리는 다시는 오지 않을 오늘 하루를 사진으로 남기며, 수상자들에게는 축하를, 참가자들끼리는 격려를 나눴다. 그리고 누가 먼저랄 것도 없이 드레스와 하이힐을 벗어던졌다. 우리의 눈에는 눈물이 흐르고 있었다.

우리에게 결과는 중요하지 않았다. 우리는 엄마로, 아내로 사는 모습에 만족하지 않고 새로운 도전을 했다. 대회를 시작으로 누군가는 새로운 삶을 살게 될 것이고, 또 누군가는 이 대회를 끝으로 다시 평범한 일상으로 돌아갈 것이다. (실제로 이 대회 '진'의 영예를 안은 분은 '지원이'라는 예명으로 활발히 활동하고 있는 트로트 가수다) 내 삶이 어느 곳에 속할지라도 그날, 그 시간을 함께한 우리의 도전은 눈부셨고 아름다웠다.

카페 아르바이트 : 카페를 차릴 수도 있었는데

왼쪽 가슴에 손을 얹어보라. 뛰는 심장이 느껴지는가?
가슴이 이렇게 뛰는데 당신은 무엇을 하고 있는가?
가슴 뛰는 삶이 아니라 '가슴만 뛰는 삶'을 살고 있지는 않은가?
– 아리아나 허핑턴(허핑턴 포스트 미디어그룹 회장, 편집자)

COFFEE? COFFEE!

결혼 후 내 삶은 아무것도 이룬 것 없이 뭐라도 해야 한다는 압박감만 이 가득했다. 결혼만 하면 쉽게 '엄마'라는 이름을 얻을 수 있을 것이라고 생각했지만 그 이름을 얻는 것이 나에게는 너무나 힘들었다. 그렇다고 결혼 전처럼 직장을 가질 수도 없었다. '나는 무엇을 해야 할까?' 고민하고 걱정하던 중 일산에서 오리고기 전문점을 하고 계시는 엄마 친구분의 권유로 식당 안에 자리 잡고 있는 카페에서 일할 수 있는 기회가 생겼다.

우리나라에 커피가 처음 들어오게 된 것은 1882년 미국, 영국, 러시아, 프랑스 등과 수교하면서 국내로 들어왔을 것이라고 추정하고 있다. 조선 최초의 커피 기록은 미국 천문학자 퍼시벨 로웰이 1885년 펴낸 책 『조선, 고요한 아침의 나라』에 있다. 그는 "1884년 1월 우리는 조선의 최신 유행품인 커피를 마셨다."라는 기록을 남겼다.

커피가 한국에 본격적으로 보급된 것은 1945년 이후, 특히 6 · 25전쟁이 끝나고 미군이 주둔하면서부터이다. 미군부대에서 흘러나오는 커피, 특히 값싼 인스턴트커피가 대량으로 보급되었던 것이다. 1967년 보건사회부 통계에 따르면 전국 3,600여 개 다방이 성업 중이었으며, 이들 다방에서 가장 많이 팔리는 음료가 커피였다고 한다.

나에게 있어 커피는 아빠와 같다. 아빠는 커피를 아주 즐겨 드셨다. 식사가 끝나고 나면 항상 나에게 커피를 부탁하셨는데, 커피 한 스푼, 설탕 두 스푼, 프림 두 스푼에 펄펄 끓는 물을 넣어드리면 맛있게 드시던 모습이 떠오른다. 이후 믹스커피가 판매되기 시작하면서 나도 편하게 커피를 타드릴 수 있었지만 말이다.

1990년대에는 원두를 분쇄한 커피가루를 여과지에 넣고 뜨거운 물로 걸러낸 드립식 커피가 유행을 하기 시작했다. 아빠는 원두커피보다 믹스커피를 좋아하셔서 아직도 원두커피 대신 믹스커피를 드시고 있다. 지금과 같은 테이크아웃 전문점이 국내에 들어온 것은 스타벅스가 1999년 7

월 27일, 이대 앞에 첫 번째 매장을 오픈하면서부터라고 할 수 있다.

직장생활을 하면서는 매일 출근해서 제일 먼저 하는 업무가 커피메이커를 이용해 원두커피를 내리는 일이었다. 당시 모시던 임원분은 출근 후 바로 내린 원두커피 한잔으로 하루의 업무를 시작하셨기 때문에 임원분이 오시기 전에 나는 커피 한잔 정도의 커피를 항상 내려놓아야 했다.

커피에 대한 작은 추억들이 있지만 정작 나는 커피를 먹지 못한다. 커피 속 카페인이 몸에 맞지 않기 때문이다. 그런 내가 카페에서 일할 수 있었던 이유는 이 카페의 독특한 특징 때문이었다. 이곳의 손님들은 일부러 분위기 좋고 커피가 맛있는 카페를 찾아오시는 것이 아니었다. 카페는 식당 손님을 위한 서비스로 만들어졌다고 생각하면 될 듯했다. 이곳의 모든 메뉴는 테이크아웃으로 제공되었고, 가격은 일반 카페의 절반 수준이었다. 식당은 주말에는 길게는 한 시간 이상 대기할 정도로 인기가 많았기에 번호표를 받고 대기하는 손님, 식사 후 커피 한잔을 하려는 손님들이 카페를 찾았다. 이것이 커피를 마시지 못하고 커피에 관해 전혀 알지 못하는 나도 할 수 있겠다는 자신감의 원천이었다.

그 당시 내가 살고 있는 곳에서 일산까지는 차량을 이용하면 30~40분이면 갈 수 있었지만 운전을 하지 못했던 나에게 대중교통 외에는 다른 방법이 없었다. 집에서 버스 정류장까지 도보 5분, 버스타고 서울역까지 30분, 서울역에서 1시간에 1번 탈 수 있는 경의선을 타고 풍산역에 도착해서 10분 정도를 걸어야 식당에 도착할 수 있었다. 아마 지금이었다면 하지 않았을 일이지만 그 당시에는 다시 일을 할 수 있다는 생각에 일산까지 가는 것이 힘든 일이 아니었다.

커피 향에 취해보자

내가 일을 시작했을 때에는 식당 주변의 꽃들이 형형색색의 아름다움을 뽐내고, 겨우내 움츠려 있던 새싹들이 파릇파릇 돋아나는 5월이었다. 여름처럼 덥지는 않았지만 아이스 음료를 찾는 손님들이 늘어나는 시기라고 했다. 나는 주문을 받고 아이스 음료 주문이 들어오면 컵에 얼음을 담고 음료를 내어주는 아주 간단한 일들을 하기 시작했다. 식당과 카페 주변에 쓰레기를 치우는 일도 내 담당이었다. 내가 2시간 가까이 대중교통을 이용하는 것이 마음에 걸렸는지 남편은 나와 함께 주말 아르바이트를 하기로 했다. 평일에는 회사에서 주말에는 나와 함께 아르바이트를 하는 남편이 안쓰러웠지만 나는 남편과 함께 출퇴근을 하니 시간도 아끼고 일하는 시간도 늘어나니 더 좋았다. 손님이 많은 봄부터 여름이 지나갈 때까지는 출근해서 퇴근하는 시간까지 의자에 한 번 앉을 수도 없이 정신없는 주말을 보냈다.

여름이 지나가면서 아이스 음료 손님도 줄고 나도 조금씩 카페 업무에 익숙해지면서 나에게는 새로운 업무가 생겼다. 바로 카페를 책임지고 있는 직원의 휴무 날에 내가 혼자 카페를 맡는 것이었다. 내가 아르바이트를 하기 전에는 식당 직원들이 돌아가면서 카페 업무를 맡아왔지만 이제는 내가 맡게 되는 것이었다. 카페 오픈부터 마감까지 나 혼자 감당해야 했다. 가장 급한 것은 기계 사용법과 주문에 맞는 커피 제조였다.

믹스커피와 아메리카노만 알고 있던 나에게는 커피의 이름도 만드는 방법도 모든 게 낯설었다. 하지만 평일에 출근하면 아무도 나를 도와줄 사람이 없기 때문에 실전에서 당황하지 않도록 모든 것을 완벽하게 익혀야 했다.

커피의 맛을 정하는 것은 바로 원두이다. 원두의 맛을 결정짓는 요소에는 향과 산도, 단맛, 쓴맛, 바디감의 5가지가 있다. 카페에서 가장 많이 사용하는 원두는 다음과 같다.

첫째, 케냐 AA. 적당한 신맛의 대중적인 맛을 가지고 있어 카페에서 가장 많이 사용한다.

둘째, 콜롬비아 수프리모. 부드러운 신맛과 진한 초콜릿 향 같은 단맛을 지니고 있어 가장 무난한 커피다.

셋째, 에티오피아 예가체프. 짙은 꽃향기와 목 넘김 이후에 남는 아련한 향, 부드러운 바디와 달콤한 신맛 등을 지녀 다수의 사람이 최고의 커피라 칭할 만큼 매력적인 커피다.

넷째, 인도네시아 만델링. 묵직하고 강렬한 바디에 풍부한 향, 초콜릿 맛과 달콤한 향을 가지고 있어 개성 있는 커피의 맛을 원하는 분들께 추천한다.

내가 일하던 카페에서는 케냐 AA와 에티오피아 예가체프를 적당한 비율로 섞어서 사용했다.

제일 처음 배웠던 것은 기계를 이용해 커피를 추출하는 것이었다. 원두를 분쇄하고 탬핑을 하는데 탬핑 과정이 커피의 맛을 결정한다고 한다. 온 몸에 힘을 실어 균일하게 원두가루를 눌러준다. 그리고 기계에 넣으면 커피의 고수들만 마신다는 에스프레소가 탄생한다. 여기에 물이 들어가면 아메리카노가 된다. 고기를 드시고 오신 손님들이 가장 많이 찾으시는 메뉴가 바로 이것이었다. 나는 커피를 잘 마시지 못하지만 원두를 추출할 때의 커피 향은 언제나 마시고 싶다는 충동을 일으키기에 충분했다. 아마도 내가 커피를 좋아했다면 이곳에서 길게 일할 수 있었을지도 모르겠다.

에스프레소에 물 대신 우유가 들어가면 카페라떼. 우유의 양을 줄이고 그 위에 부드럽고 풍부한 우유 거품을 넣으면 카푸치노가 된다. 카푸치노 위에는 시나몬 가루를 살짝 뿌려주었다. 우유를 데울 때에는 기계에서 나오는 수증기를 이용하는데 처음 그 소리에 엄청 당황했던 기억에 웃음이 난다.

카페라떼에 시럽을 추가하면 새로운 메뉴들이 탄생한다. 바닐라 시럽이 들어가면 바닐라라떼, 초코시럽이 들어가면 모카라떼, 캐러멜 시럽이 들어가면 캐러멜 마끼아또가 탄생한다. 커피 위에는 휘핑크림과 커피를 만들 때 넣었던 시럽을 휘핑크림 위에 한 번 더 뿌려주기 때문에 달달한 커피를 좋아하는 손님들이 찾는 메뉴였다.

마끼아또는 이탈리아어로 '더럽히다.', '얼룩지다.'라는 뜻이 있다고 한다. 원래 마끼아또는 에스프레소와 우유만으로 만들어진다고 하는데 다양한 시럽과 맛을 원하게 되면서 카라멜 시럽 등을 넣어서 만들게 되었다고 한다.

일주일에 하루뿐이었지만 내가 온전히 카페를 이끌어가면서 아르바이트만으로는 알 수 없는 것들을 배울 수 있었다. 다양한 커피 만드는 방법은 기본 중에 기본이었고, 카페 운영에 필요한 부수적인 재료들(커피 원두, 종이컵, 컵 뚜껑, 커피컵 홀더 등등)을 어디서 납품받는지 가격은 얼마나 되는지 수익에 연결된 부분까지 자세히 알게 되었다. 그 뒤로 몇 년 후 남편은 이렇게 물었다.

"집에서 멀지 않은 곳에 가게 자리가 하나 났는데 그곳에 아담한 카페를 하나 해보면 어때?"

당시 첫째는 4살, 둘째는 갓 돌이 지났을 무렵이었다. 나는 아이들이 너무 어리고 그 당시에는 두 아이의 양육만으로도 벅차서 일을 해야겠다는 생각이 없었기 때문에 남편의 제안을 거절했다. 그로부터 얼마 후 남편이 말한 그 자리에는 아담한 동네 카페가 생겼다. 그리고 그 뒤로 우리 동네에는 몇 개의 까페가 더 생겨났다. 남편은 한동안 그 자리를 지날 때마다 나를 원망하듯 이렇게 이야기했다.

"내가 이 자리에 카페 열라고 했잖아. 왜 내 말을 안 들었어!"

그때 내가 용기를 내어 카페를 오픈했었다면 내 삶은 지금과는 완전히 다른 모습이었을 것이다. 하지만 후회하면 무엇 할까? 지나간 일을 후회할 시간에 앞으로 펼쳐질 내 삶에 집중하는 것이 나를 위해 더 나은 선택일 것이다.

나를 위로해준 것들

영화 〈월터의 상상은 현실이 된다〉

무언가를 시작하고 싶지만 용기가 없어서 상상만 하고 있는가? 이 영화는 그런 당신에게 용기를 선물해준다.

"To see the world, things dangerous to come to, to see behind walls, to draw closer, to find each other and to feel. That is the purpose of life."

세상을 보고 무수한 장애물을 넘어 벽을 허물고 더 가까이 다가가 서로를 알아가고 느끼는 것. 그것이 바로 우리가 살아가는 인생의 목적이다.

"Life is about courage and going into the unknown. Life is about courage and going into the unknown. Stop dreaming. start living."

인생은 끊임없이 용기 내면서 개척하는 것이다. 인생은 미지의 세계로 나아가는 용기에 관한 것이다. 꿈만 꾸지 말고 삶을 살아라.

"Beautiful things don't ask attention Stay in it, like there, like here."

아름다운 순간을 보면 카메라로 방해하고 싶지 않아. 그저 그 순간 속에 머물고 싶지.

방과 후 교사 : 모든 일에는 때가 있다

인생은 모두가 함께하는 여행이다.
매일매일 살면서 우리가 할 수 있는 건 최선을 다해 이 멋진 여행을 만끽하는 것이다
– 영화 〈어바웃 타임〉 중에서

핑크빛 미래를 그리다

둘째 임신 중에 이런 생각이 들었다. 둘째가 태어나면 내 삶은 포기하고 정말로 두 아이의 엄마로만 살아야 할 것 같았다.

'아이들이 크면 남편 혼자 벌어서는 힘들 텐데….'

그전에 뭐라도 준비를 하지 않으면 안 될 것만 같았다. 둘째가 태어나기 전에 준비할 수 있는 것을 찾아보기로 했다. 일단 밖에 나가는 것을 좋아하지 않는 나는 집에서 배울 수 있는 것들을 알아보기 시작했다. 그렇게 해서 알게 된 것이 '방과 후 교사'였다.

초등학교 방과 후 학교는 정규 수업이 끝난 이후의 교육 과정이라고 생각하면 된다. 정규 수업에서 배울 수 없는 다양한 과정을 학생들과 학부모의 요구와 선택에 맞춰 배울 수 있다. 수업시간 또한 정규 수업이 끝나는 12시 이후에 시작해 늦어도 5시에는 모든 과정이 끝나게 된다. 내가 원하는 대로 업무 스케줄을 짤 수 있는 최적의 근무 환경, 시간에 비해 만족스러운 보수, 그리고 일에 대한 자부심을 느낄 수 있기 때문에 주부들도 쉽게 할 수 있는 일이라는 생각이 들었다. 근무지가 학교이기 때문에 아이들이 학교에 가지 않는 날에 엄마도 쉴 수 있다는 것 또한 장점이라고 생각했다.

지금 당장은 아니지만 아이들이 학교에 다닐 때에는 나도 일을 할 수 있을 것이라는 희망적인 생각을 가지고 방과 후 교사를 준비했다. 방과 후 교사를 하기 위해서는 방과 후 지도사 자격증과 학교에서 수업을 개설할 수 있는 과정의 자격증이 필요했다.

방과 후 학교에서 배울 수 있는 과목으로는 게임을 통해 수학적 능력을 키울 수 있는 가베, 보드게임도 있고, 로봇이나 드론으로 과학을 재미있게 배울 수도 있었다. 아동 스피치나 동화구연으로 토론과 발표에 대한 자신감을 키우거나, 마술, 미술, 방송 댄스등을 배울 수도 있다. 냅킨이나 가죽, 레진, 리본의 재료를 가지고 예술적 감각을 키워주는 공예를 배우기도 하고, 캘리그라피나 POP, 요리를 배우기도 한다. 이렇게 다양한 과목 중에서 이것을 가장 먼저 생각해야 한다.

'어떠한 과목을 선택하고 아이들에게 가르칠 것인가?'

일단 나는 손재주는 없으니 공예 쪽은 아니었고, 과학 쪽도 자신이 없었다. 그렇다고 악기나 마술, 댄스를 가르칠 수도 없었다. 내가 과목을 결정할 때 가장 먼저 생각했던 것은 일단 내가 즐겁게 배울 수 있는 것이어야 했다. 그리고 두 아이와도 함께 시간을 보낼 수 있는 것을 가르치고 싶었다. 배우는 내가 즐겁지 않은 것을 아이들에게 가르칠 수는 없기 때문이었다. 그래서 내가 결정한 것은 보드게임이었다.

보드게임은 게임판, 카드, 주사위, 나무토막 등 도구를 이용해서 일정한 규칙에 따라 진행하는 게임을 말한다. 원래는 그냥 게임이라고 불렀는데 컴퓨터를 사용하는 게임과의 구별을 위해 보드게임이라는 이름으로 불리게 되었다고 한다. 우리가 잘 알고 있는 카드를 이용한 게임이나 화투 등도 넓은 의미에서는 보드게임에 포함된다.

나는 어린 시절부터 게임을 아주 좋아했다. 화투를 좋아하시는 아빠 덕분에 명절이면 가족들이 모여 화투하시는 모습을 보며 자랐고, 어른들이 화투를 하시면 사촌들과는 모여서 카드게임을 했었다. 성인이 되어서도 휴대폰이나 컴퓨터를 이용한 게임으로 여유시간을 보냈기 때문에 망설임 없이 보드게임을 가르치기로 결정했다.

처음에는 게임으로 즐겁게 시간을 보내는 것인 줄로 알고 시작했지만 세상에 쉬운 일은 하나도 없다. 특히 아이들을 가르치는 일 아닌가. 나는 보드게임지도사와 창의사고력지도사 2가지 자격증을 취득하기로 했는데 첫 수업부터 예상치 못한 일이 벌어졌다. 나는 즐겁게 게임을 배우는 줄만 알았는데 2가지 과목은 수학과 관련된 과목이었다.

'어쩌다 이런 일이….'

나는 학교 다닐 때 가장 싫어했던 과목이 바로 수학이었다. 그야말로 '수포자'(수학포기자)였다.

"수학이 제일 싫어요!"

항상 하던 말이다.

"그런데 내가 수학을 가르친다고?"

내 선택이 잘못되었다는 것을 알았을 때는 이미 돌이킬 수 없었다. 게다가 나는 우리 아이들은 나와 같이 수포자로 만들지 않겠다는 목표 설정도 잊지 않았다. 다행히도 내가 학교 다닐 때와 같이 학습지나 문제집으로 하는 수업이 아니라 재미있는 게임을 통해 즐기면서 수학적인 학습도 가능하다는 것이 창의사고력지도사와 보드게임지도사의 장점이었다.

내가 직접 수업을 듣고 자격증을 준비하다 보니 이것이 간단히 게임 방법을 배우고 게임을 즐기는 것에서 끝나는 것이 아니라 게임에 집중하고, 게임에 이기기 위해 다양한 방법을 생각하고 고민하다 보니 창의력이나 사고력 발달에 도움이 된다는 것을 나 스스로 느낄 수 있었다.

자격증을 준비하면서 강사분들이 가장 많이 하신 말씀이 아이들이 정말 좋아하는 수업이라는 것이었다. 부모님들이 억지로 신청하고 지루해하는 수업이 아니라 아이들이 찾아오는 수업, 즐거워하는 아이들을 보면서 선생님도 보람을 느낄 수 있는 수업이라는 것이었다.

누구나 무엇인가를 시작할 때 열정이 가득 넘치고 작은 것이라도 결과를 내고 싶어 한다. 나 역시 그랬다. 수업을 들으면서 정말 내가 자격증을 취득하고 나면 경력단절녀에서 벗어나 내 일을 하면서 아이들도 키울 수 있을 것이라는 핑크빛 미래를 그리고 있었다.

모든 것에는 때가 있다

약 3개월 정도 교육을 받은 후에 나는 2가지 자격증을 취득했다. 그러나 전업주부에서 벗어나지 못했다. 자격증만 있다고 취업을 할 수 있는 것은 아니었다. 모든 것에는 때가 있었다. 자격증을 취득했을 때는 둘째를 임신 중인 그해 5월이었다. 3월에 학기가 시작되니 이미 1학기 방과 후 과정 교사 모집은 끝난 상태였다. 여름방학이 끝나고 2학기에 도전해 볼까 잠깐 생각했는데 나는 9월 초에 둘째 출산 예정이었다. 내년을 준비한다 해도 둘째가 문제였다. 한껏 희망에 부풀어 있었던 내 기대는 한 순간 바람 빠진 풍선처럼 쪼그라들었다. 철저한 계획과 준비 과정 없이 막연히 '일을 하고 싶다'는 마음에서 출발했던 나의 도전은 또 한 번 물거품이 되어버렸다. 자격증이 준비되어 있으니 둘째가 어린이집에 가게 되면 언제든 다시 시작할 수 있다고 스스로 위로하는 방법밖에는 없었다. 워킹맘이 되겠다는 나의 결심은 그렇게 하룻밤의 꿈처럼 무너졌다. 그리고 한참 동안 나는 전업주부의 삶에 익숙해져갔다.

서울 한 동네에서 태어나고 자란 나의 주소지는 항상 '서울특별시 ○○구 ○○동'이었다. 결혼을 하고 두 아이를 출산했을 때까지도 나의 주소는 변함이 없었다. 그런데 첫째가 5살, 둘째가 3살이 되던 해에 나는 아주 중대한 결정을 해야 했다. 그것은 바로 이사였다. 나는 한 번도 서울이 아닌 곳에서 살게 될 것이라고는 생각해보지 못했었다. 물론 아이들에게 당시의 집은 쉬지 않고 차들이 다니며 아이들이 안심하고 놀 수 있는 공간은 찾아볼 수도 없는 곳이었다. 가쁜 숨을 몰아쉬며 언덕을 올라와야 했고, 유모차를 끌고가는 날이면 집에 가기 위해 몇 번이나 중간에 쉬었다 가야 했다. 주차 공간이 따로 없어 가끔은 주차 단속 딱지가 붙기도 했고, 10여 평 작은 빌라는 이미 아이들 짐으로 꽉 차 있었다. 서울이라는 것 빼고는 좋을 것이 없었다.

이사를 간 곳은 단지 내 놀이터에서 마음껏 뛰어놀 수 있고 아파트 앞에는 공원이 자리잡고 있는 곳이어서 아이들에게는 최적의 환경이었지만, 서울을 벗어나야 했기 때문에 내게는 감옥과도 같은 곳이었다. 집 앞에만 나가면 마을버스, 버스, 지하철이 너무나 잘 되어 있는 서울에서 살던 내게 이곳은 집 밖을 벗어날 수도 없게 만들었다. 내가 태어나고 자랐던 곳에서 아는 사람 한 명도 없는 낯선 곳으로의 이사가 나는 참 힘들었나 보다. 그때 나에게는 일을 하는 것보다 태어나 처음 마주한 낯선 환경에 적응하는 것이 더 필요했었던 것 같다.

다행히 두 아이를 단지 내에 있는 어린이집에 보낼 수 있었고, 아이들은 4시에 하원을 했다. 워킹맘이 되어야겠다는 나의 꿈이 확고했었다면 두 아이를 어린이집에 맡기고 자유를 얻었을 때 방과 후 교사로 제 2의 삶을 살았어야 했다. 그러나 그 시기에 나는 공허한 나의 마음을 채우기 위해 아이들이 등원하고 나면 나의 가장 친한 친구였던 TV와 함께 했다.

채널을 돌려가며 모든 방송사의 드라마와 예능 프로그램을 재방송으로 하나도 놓치지 않았다. 재방송에 그치지 않고 재재방송까지도 봤다. 그리고 쇼핑에 빠졌다. 제값 주고 사는 것에 그치지 않고 핫딜(온라인 쇼핑몰에서 특정 시간이나 제품을 특별히 싸게 파는 것) 카페에 가입해 카페에 올라오는 제품들은 모조리 사서 쟁여놓기 시작했다.

"어차피 사게 될 것이야. 이 가격 다시 안 나와. 싼값에 올라왔을 때 사야 해!"

아이들이 하원을 하고 나면 육아를 하는 전업주부들은 자신의 꿈은 뒤로 밀어놓은 채 놀이터에서 만나게 된다. 놀이터는 엄마들이 아이를 키우며 위안을 얻고 하소연을 하는 공간이기도 하다.

그렇게 1년을 보내고 큰아이가 유치원에 들어가게 되었다. 유치원에 들어가니 1시 30분이면 아이를 데려와야 했다. 아이를 등원시키고 집안일을 하고 나면 내 점심은 먹는 둥 마는 둥해도 벌써 첫째가 집에 올 시간이었다. 이제는 일을 하고 싶어도 할 수 없는 환경이 되어버렸다.

다행인지 불행인지 나는 내 삶에 만족했다. 아이들은 건강하게 자라고 있었고, 남편도 회사와 가정일에 충실했다. 아이들의 까르르 웃는 모습을 보는 것이 행복했고, 매일을 큰 문제없이 살고 있는 것이 감사했다. 아이들의 꿈이 나의 꿈이고, 남편이 잘되는 것이 내가 잘되는 것이라고 믿었기 때문에 '다시 일을 해야지.'라는 생각은 내 머릿속에서 없어진 지 오래였다. 그러나 지금 돌이켜보니 두 아이가 어린이집에 다니던 그때가 내가 다시 일을 할 수 있는 최적의 환경이었다. 경력단절녀에서 워킹맘이 되고 싶다면 아이가 어린이집에 다니는 그때가 놓치지 말아야 할 골든타임이다.

글로벌 셀러 : 전문가가 되어야 했다

긍정적인 것이든 부정적인 것이든,

내 삶은 내가 주의와 에너지와 집중력을 쏟는 대상을 자연스럽게 끌어당긴다.

—『끌어당김의 법칙』 중에서

무식하면 용감하다

아마도 서울에 계속 살고 있었다면 좀 더 일찍 내 일을 찾아 나섰을지도 모른다는 생각을 했다. 누울 자리를 보고 발을 뻗으랬다고 친정이 가까웠던 서울에서는 아이들을 맡길 곳이 있으니 나도 무언가를 시작하기가 어렵지 않았다. 그런데 아는 사람이라고는 한 명도 없는 이곳에서는 내가 일을 하는 것 자체가 사치라는 생각이 들었다.

첫째 아이는 공립단설유치원에 다니고 있었다. 유치원이란 유아 교육을 위해 '유아교육법'에 따라 설립 · 운영되는 학교를 말한다. 여기서 유아란 만 3세부터 초등학교 취학 전까지의 어린이를 말한다. ('유아교육법' 제2조 참조)

유치원 종류를 보면 유아교육법 제7조에 유치원은 국립유치원, 공립유치원, 사립유치원으로 구분된다. 국립유치원은 국가가 설립 및 경영하는 유치원, 국립대학에서 부설로 운영하는 유치원이 속한다. 공립유치원이란 지방자치단체가 설립 · 경영하는 유치원으로, 주체에 따라 시립유치원과 도립 유치원으로 나눌 수 있고, 사립유치원은 법인 또는 사인(私人, 특정 개인)이 설립하고 운영하는 유치원을 말한다. 병설유치원, 단설유치원은 국공립 유치원에 속하는 유치원이다. 병설 유치원은 초등학교 안에 설립되어 초등학교 건물을 같이 사용하고, 초등학교 교장 선생님이 유치원 원장 선생님을 겸하고 있다. 단설 유치원은 사립유치원과 같이 별도의 유치원 건물이 있으며 유아교육을 전공한 원장 선생님이 계신다. 병설, 단설유치원의 선생님들은 유치원임용고사를 통과한 공무원이고, 국가에서 유치원 재정을 지원해주기 때문에 사립유치원에 비해 교육비가 저렴하다는 장점이 있다.

국공립 유치원의 장점에 이끌려 아이를 보지만 빠른 하원 시간과 차량이 없다는 것이 단점이었다. 맞벌이하는 가정의 아이들은 정규 과정 이후 별도의 방과 후 과정이 있기 때문에 늦은 하원이 가능하지만 정규 과정만 하는 아이들의 경우 2시 이전에 모든 과정을 마치게 된다.

첫째 아이의 경우에도 내가 전업주부이기 때문에 정규 과정만 하고 1시 50분에 하원을 해서 직접 아이를 데리러 가야 했다. 아이들이 등원하는 9시부터 1시 30분까지 할 수 있는 일을 찾는 것은 쉽지 않았다. 그 시간에만 일하는 아르바이트 자리도 없었고, 아이를 학원으로 보내고 직장을 다닐 수도 없었다.

일 하기에 최적이었던 시기에는 일을 하고 싶은 마음이 없더니 일을 시작하기 힘든 시기가 되니 다시 일을 하고 싶어지는 모순 같은 나의 삶이다.

지금 환경에서 내가 할 수 있는 일은 집에서 할 수 있는 일밖에는 없었다. 깊은 생각도 없이 '인터넷 판매를 해볼까?'라고 생각했다. 인터넷 판매는 자영업과는 달리 초기 비용이 많이 들지 않고 컴퓨터만 있으면 어디서든 할 수 있겠다는 생각에서였다.

내가 생각해도 나는 참 즉흥적인 성격이다. 이런 성격이 좋을 때도 있지만 아무리 집에서 하는 일이라 하더라도 사업을 시작한 것인데 나는 아무 준비도 없이 무작정 사업자만 내고 말았다. 무식하면 용감하다고 했던가? 인터넷 판매를 하려면 필요한 것이 무엇인지, 어떤 상품을 어디서 어떻게 팔아야 하는지, 나는 아무런 준비도 없이 아니 무슨 준비가 필요한지도 모른 채 일을 벌이고 말았다. 단지 내가 준비한 것은 사업자등록증과 통신판매업 신고뿐이었다.

"국내 시장은 이미 포화 상태이니 해외 오픈마켓에서 팔겠어!"

나는 무모하게 사업자등록증을 냈다. 사업자등록이란 사업을 하면 수익에 대한 납세의무를 지게 되는데 사업 사실을 세무서에 알리고 사업자에 관한 정보를 세무관서의 대장에 수록하는 절차를 말한다. 사업자등록을 하고 나서 받는 서류가 사업자등록증이다. 인터넷 판매를 하려면 사업자 등록증 이외에 통신판매업 신고가 필요하다. 나는 인터넷 판매 중에서도 글로벌 셀러가 되었다.

준비 없이 시작할 수 있는 것은 없다

나는 딱 이만큼만 알고 글로벌 셀러가 되겠다는 마음을 먹었다.

글로벌 셀러, 아마존, 이베이, 라자다, 큐텐, 해외 오픈마켓 판매자.
해외 상품을 국내에 판매한다. 국내 상품을 해외에 판매한다.

백화점 직원으로서 판매 경험과 첫아이를 낳기 전 아이 물건 몇 가지를 해외 직구 해본 경험 외에는 판매에 대한 아무런 경험도 지식도 없었다. 이후에 글로벌 셀러에 대한 책 2권과 동영상 강의가 내가 준비한 전부였다. 내 사업을 책 두 권으로 준비한 것이다. 판매처 역시 책을 읽고 나서 제일 쉽다는 큐텐으로 결정했고, 책에 나와 있는 그대로 셀러 등록을 마쳤다.

인터넷 판매에서 가장 중요한 것은 '무엇을 팔 것인가?'이다. 나는 전혀 준비가 되어 있지 않았다. 물건을 사는 것은 눈 감고도 할 수 있는 나였지만 단 한 번도 내가 무엇을 팔아야겠다고 생각해본 적이 없었던 것이다. 물건을 사는 고객 입장에서는 수천 번, 수만 번 보아왔던 상세페이지를 어떻게 만드는지 궁금했던 적이 없었다. 국내에 알려져 있는 도매 사이트에 가입해서 그곳에 올라와있는 상세페이지를 붙여넣기 한 후에 내 마음대로 가격을 책정했다. 나에게는 경쟁력도 차별성도 없었다. 그런데 책 어디에서도, 동영상 강의에서도 상세페이지를 어떻게 만들어야 하는지 물건은 어디서 가져오며 가격은 얼마로 정해야 하는 것인지 알려주지 않았다. 물론 인터넷 판매와 글로벌 셀러를 준비하는 판매자가 나처럼 아무런 준비 없이 즉흥적으로 사업을 하지 않을 테니 그런 것은 알려주지 않아도 되는 것이었다.

일반적인 판매자라면 먼저 내가 팔아야 할 물건을 정하고, 나와 같은 물건을 파는 판매자가 얼마나 있는지 알아보고 경쟁력 있는 가격을 책정할 것이다. 그 후에 내가 직접 홈페이지를 만들거나 오픈마켓 또는 스토어팜 같은 마켓을 결정할 것이다. 경쟁력을 높이기 위해 마켓에서 준비한 교육도 받을 것이다. 차별화된 상세페이지를 만들기 위해 포토샵의 사용법까지 정확히 익혔을 것이다. 그래야만 이미 포화된 인터넷 판매자들 사이에 내 물건이 알려지고 판매되어 수익을 올릴 수 있을 테니까 말이다. 그리고 이렇게 만반의 준비 후 사업자 등록증을 내고 판매를 시작했을 것이다.

내가 준비한 글로벌 셀러가 어떻게 되었는지는 말하지 않아도 다 알 것이다. 나는 단 한 건의 판매도 하지 못했다. 사실 나는 일을 하고 싶은 마음은 있었지만 그 마음이 아주 간절하다거나 내가 일을 하지 않으면 당장 생활이 어려운 경우도 아니었다. 나에게는 풍성하지는 않지만 자기의 일을 즐거워하고 열심히 하는 남편의 월급이 있었기 때문이었다. 내가 노력하지 않아도 지금의 삶을 유지할 수 있었기 때문에, 나는 아무런 준비도 없이 '이거 좀 해볼까?' 하는 즉흥적인 마음으로 쉽게 시작하고 쉽게 끝내는 일을 반복하고 있었다. 나는 그 일로 중요하고도 절대 바뀌지 않는 것을 배웠다. 준비 없이 시작할 수 있는 것은 없다는 것을 말이다. 전문가가 되지 않고서는 절대로 성공할 수 없다.

나를 위로해준 것들

방탄소년단, 'Answer : Love Myself'

국위 선양 제대로 해주고 있는 방탄소년단. 이 그룹을 잘 알지는 못하지만 우연히 들었던 그들의 노래가 나를 위로해주었다. 신나는 비트 안에 숨겨진 가사들이 나를 사랑하지 않았던 나에게 위로를 전해준다.

니가 내린 잣대들은 너에게 더 엄격하단 걸
니 삶 속의 굵은 나이테
그 또한 너의 일부
이제는 나 자신을 용서하자
버리기엔 우리 인생은 길어
미로 속에선 날 믿어
겨울이 지나면 다시 봄은 오는 거야

재택 아르바이트 : 위험천만! 불법이라고요?

시도해보지 않고는 누구도 자신이 얼마만큼 할 수 있는지 알지 못한다.

– 푸블릴리우스 시루스(작가, 시인)

재택알바는 위험해

글로벌 셀러에 도전했지만 수익을 올리지 못했던 나는 생각했다.

"역시 나에게 어울리는 이름은 주부야."

"나는 집안일과 아이들 키우는 일에만 집중해야지!"

한편으로는 이제 전업주부가 익숙하고 편안했다. 그러나 아이들이 한 살 한 살먹을수록 남편의 월급만으로는 한 달 생활이 빠듯해짐을 느꼈다. 나는 아끼고 또 아끼며 살고 있고 누구보다 즐겁게 행복하게 잘 살고 있다고 생각했다.

"내 옷 한 벌 샀던 것이 언제였더라…."

하긴 옷이 있어도 입고 나갈 곳도 나가서 쓸 돈도 없었다. 그러나 아이들만은 먹고 입히는 것에 부족함 없이 키우고 싶은 것이 엄마의 마음 아닌가. 아이들은 하루하루 사고 싶고 갖고 싶고 하고 싶은 것이 늘어나는 나이였다.

"이제는 아이들 교육비도 점점 들어갈 텐데…. 더 늦기 전에 아르바이트라도 시작해야지."

매일매일 아르바이트 구직 정보가 가득한 사이트에 들어가서 재택아르바이트를 검색했다. 그러던 어느 날 구인 공고 하나를 보게 되었다.

자유근무/단시간 근무/당일지급

* 일상생활 중 스마트폰&컴퓨터로 하는 간단한 업무

* 매일 1~2시간 근무로 50,000원에서 150,000원 일급 당일 지급

지금 같으면 전혀 신경도 안 쓰고 넘어갈 만한 그 구인 공고를 그때의 나는 그냥 넘기지 못했다. 카카오톡으로 문의하라는 말에 무엇인가에 홀린 듯이 나는 구인 공고를 보았다고 카톡을 보냈다. 그리고 우리의 모든 대화는 카톡을 통해 이루어졌다.

내가 문의를 하자마자 마치 기다리고 있던 사람처럼, 아주 익숙하게 업무를 알려주었다. 먼저 본인 이름을 알려주었고, 중고 명품을 파는 인터넷 쇼핑몰이라고 했다. 그곳은 명품을 잘 모르는 나도 잘 알 정도로 중고 명품을 파는 인터넷 쇼핑몰 중에서는 아주 유명한 곳이기도 했다. 그곳에서 내가 할 일은 회사의 세금 절감을 위해 내 이름으로 물건을 올려 판매하고 판매 건수에 따라 수수료를 받는 것이었다.

"하루에 3건 정도는 기본적으로 판매가 가능하고요. 한 건당 수수료는 5만 원입니다."

나는 딱 여기까지 이야기를 듣고 남편과 아르바이트에 관해 상의를 했다. 남편의 월급으로 살고 있던 내가 갑자기 아르바이트를 하고 있다고 한다면 남편이 '내 월급이 적어서 그런가?' 이렇게 기분이 나쁠 수도 있다는 생각 때문이었다. 내가 일을 하려고 하는 것이 남편의 월급이 적어서가 아니라 나의 만족을 위해서라는 것을 이야기하고 싶었다. 다행히 남편은 지금까지 생활에서 벗어나지 않는 일이였기 때문에 잘해보라고 나를 격려해주었다.

남편의 동의도 얻었겠다, 나는 일을 하겠다고 했다. 하지만 뭔가 의심이 생겨 같이 일하는 동료는 몇이나 있는지, 고용계약서는 작성이 가능한지 이것저것을 문의하였지만 그때마다 막힘없이 정확하게 답변을 해주었기 때문에 일을 시작하겠다고 말씀을 드렸다. 이때라도 마음을 접었어야 했는데…. 고용계약서도 작성했고 원본은 다음 주 월요일에 보내주시겠다는 이야기에 안심을 했다. 그다음은 월급을 받을 통장을 어디로 하느냐의 문제였는데 몇 가지 은행을 말해주었다. 나는 우리은행과 국민은행 2가지 계좌를 가지고 있었기 때문에 두 은행으로 하겠다고 했다. 대리님은 내 통장으로 금액이 들어오면 바로 알려달라는 당부를 하셨다. 그 이후 회사에서 해당 금액을 출금할 것이고, 나는 거래 건수에 맞게 수수료를 받게 될 것이라는 설명이었다. 나는 다시 일을 시작한다는 기쁨 때문이었는지 다른 것은 생각하지도 못한 채 나의 통장과 카드를 대리님의 설명대로 퀵서비스로 보내주었다. 그리고 내 통장과 카드가 도착한 날 오후부터 일을 시작할 수 있었다. 내 통장으로 각각 한 건씩 두 건의 금액이 들어왔고, 그 금액을 바로 알려드렸다. 내가 금액이 들어왔음을 알려드리자 내 통장에서 해당 금액이 바로 인출되었다.

그런데 그 후부터 무언가 이상함을 느꼈다. 나의 질문에 금방 확인을 하고 답을 보내주던 대리님. 나에게 업무를 주던 대리님이 2건의 주문 이후에는 더 이상의 업무 지시나 카톡 확인을 하지 않았던 것이다.

힘든 일을 겪어야 단단해진다

그 다음 날 나는 은행에서 문자를 하나 받게 되었다. 내용이 기억나지는 않지만 통장거래를 할 수 없다는 문자였던 것 같다. 처음에는 잘못 온 것이라고 생각하고 대수롭지 않게 넘겼다. 하지만 시간이 지날수록 뭔가 찜찜한 느낌을 지울 수가 없어 발신번호로 통화를 했고 가까운 영업점에 방문하게 되었다.

그 후 나는 손발이 덜덜 떨리고, 다리에 힘이 풀려 한 걸음도 걸을 수 없었고, 눈앞이 캄캄해지며 아무것도 생각할 수 없는 상태가 되어버렸다.

"고객님 통장이 대포통장으로 사용되었네요!"

보이스피싱을 당한 상대측에서 내 통장 거래를 중지시켰던 것이었다.

"고객님 통장으로 들어왔던 금액은 보이스피싱을 당한 피해자에게 갚아주셔야 해요."

이 말을 듣는데 아무것도 할 수 없었다. 두 은행에 들어왔던 금액은

2,000만 원에 가까운 금액이었다. 눈물도 흐르지 않았다. 내가 할 수 있는 것은 빨리 이 상황을 알리고 해결하는 것뿐이었다. 한참을 멍하게 있다가 가장 먼저 생각난 사람은 바로 남편이었다. 그러고는 바로 나에 대한 원망이 가득해졌다.

'나는 큰 것을 바라지 않았어. 내가 바랐던 건 그저 내 아이들이 원하는 것, 아이들이 하고 싶어 하는 것을 해주고 싶었던 마음뿐이었다고.'

왜 내가 이런 일을 당해야 하는 것인지 화가 났다. 나는 다른 사람들에게 피해를 주고 살지 않은 것 같은데 내가 무슨 잘못을 해서 이런 일을 당해야 하는 것인지 내 삶을 돌아보았다. 하지만 답은 찾을 수 없었고 남편에게 미안한 마음뿐이었다. 남편에게 상황을 이야기했을 때, 남편은 이렇게 말해주었다.

"걱정하지 마. 그 돈 내가 갚을 수 있어."

그때 그 말이 얼마나 큰 위로가 되었는지 모른다. 내가 어떤 문제를 일으켰을 때 항상 나를 먼저 위로해주었던 남편.

'내가 남편 하나는 참 잘 만났구나.'

이러한 상황 속에서도 잠깐의 행복이 찾아왔다.

두 번째로 생각난 사람은 변호사인 사촌오빠였다.

"지혜야, 넌 잘못한 것 없어. 잘못한 사람은 너를 이용한 그 사람들이지. 그리고 은행에서 말한 그 돈도 갚지 않아도 돼."

오빠가 내게 해주었던 위로다.

"경찰서에서 연락 오기 전에 지금까지의 내용들 문서로 만들어서 먼저 경찰 조사받아."

난생 처음 경찰 조사를 받는 새로운 경험을 하게 된 것이다. 살면서 절대로 가고 싶지 않았던 그곳. 내가 죄를 짓지 않았어도 죄인이 된 것 같은 기분이 들게 되는 그곳에 가게 되었다. 나는 이번 일로 두 번 경찰서를 방문하게 되었다. 내가 먼저 사건을 신고하러, 사건의 조사를 받으러 또 한 번.

경찰서는 입구부터 음산한 기운을 뿜어내고 있었다. 분명 같은 공기를 마시고 있는데 그곳은 마치 새로운 세상인 듯했다. 나는 한 발자국 더 내딛은 것뿐인데 공기마저 차갑고 사람들의 표정도 어두워 보였다. 마음을 다잡고 증거를 만들기 위해 모든 상황을 녹취하고, 사진도 찍어놓으라는 오빠의 조언을 다시 한 번 생각했다. 첫 방문은 생각보다 금방 끝났다. 그리고 두 번째 방문 때에는 좀 더 긴 시간 사건에 대해 조사를 받았다. 경찰서에 방문했을 때 입구에서 느꼈던 삭막한 기운과는 다르게 경찰관들은 참 따뜻했다.

"ㅇㅇ조사관, 내일 결혼하는 새신랑이에요. 축하한다고 해주세요."

"요즘 전업주부를 대상으로 하는 범죄가 많아요!"

"저도 비슷한 사건 조사 중입니다."

나에게 경찰관들이 해주셨던 따뜻한 말들이다. 경찰청 범죄 통계에 따르면 2017년 한 해 동안 전자금융거래법 위반 발생 건수는 5,479건이다. 전자금융거래법 위반은 통장, 현금카드, 보안카드, 신용카드, 공인인증서 등을 타인에게 양도하거나 양수하는 행위를 한 자에게 3년 이하의 징역이나 2,000만 원 이하의 벌금에 처한다는 2006년 재정된 법이다.

대포통장 문제는 정부와 금융당국의 노력에도 불구하고 뚜렷한 해결책이 없다고 한다. 그 이유는 대포통장 문제가 예전에는 노숙자나 취약 계층을 대상으로 일어났다면 최근 들어서는 남녀노소를 가리지 않고 다양한 계층에서 일어나고 있기 때문이다. 최근에는 저렴한 금리로 대출을 진행해준다거나 나처럼 세금 절감을 위해 수수료를 지급하겠다는 방식으로 범죄가 지능화되고 있다고 한다.

나의 경우는 다행히 내 통장이 범죄에 사용될 것이라는 것을 내가 전혀 인지하지 못했기 때문에 전자금융거래법 위반에 관해 정상에 참작할 만한 사유로 집행을 미루어주는 집행유예 판결을 받을 수 있었다.

판결로 인해 나는 1년 동안 인터넷뱅킹이나 폰뱅킹은 사용할 수 없고, 영업점 창구에서만 은행 업무를 볼 수 있는 대면거래만 가능했다. 1년 동안 나는 많은 불편함을 겪었다. 그리고 사건을 당했을 때는 잠을 자다가도 벌떡 일어날 정도로 많은 스트레스를 받았다. 내가 과연 다시 웃을 수 있을까 생각하기도 했는데, 지금은 이 사건에 대해 웃으며 이야기할 수 있을 정도가 되었다.

우리의 삶에 언제나 좋은 일만 일어나지는 않는다. 힘들고 어려운 일도 겪어야 성장하고 단단해짐을 나는 이 사건을 통해 배웠다. 또한 힘든 상황을 해결하고 이겨낼 때 가족이 얼마나 큰 힘과 위로를 줄 수 있는지도 알게 되었다. 그리고 무엇보다 가장 큰 배움은 어떠한 상황에서도 절대로 타인에게 통장이나 카드를 주면 안 된다는 것이다.

영어공부방 : 준비 없는 시작, 그 결과

깨어나라! 당신이 누구인가 깨달아라! 낡은 습관을 떨쳐내고 습관의 노예에서 벗어나라! 새롭게 태어나 새로운 삶을 살아라! 당신이 이 땅에 사는 동안 무언가를 이뤄내고 싶다면 변화의 법칙에 순응하며 정신의 성장을 멈추지 마라!

–『당신 안의 기적을 깨워라』 중에서

공부방 한번 해볼까?

어느 날 우리 집 문 앞에 광고지 하나가 붙어 있었다. 영어학원의 광고지였다.

"성경을 영어로 배운다!"

남편과 나는 교회 안에서 만났고, 시아버님과 큰아주버님은 목사님이다. 우리 아이들은 남편이 성가대 반주자, 내가 대예배 찬양을 하고 있었기 때문에 큰아이는 생후 8주차, 작은아이는 생후 6주차부터 교회 내 영아부에 맡겼다. 우리 아이들은 집사님들, 권사님들이 사랑으로 키워주셨다. 이렇게 우리 아이들은 태어나기 전부터 교회와 하나님, 그리고 성경을 떼어놓고는 살 수 없는 환경에서 자랐다.

그러던 중 우리 집 현관문에 붙어 있던 광고지는 나와 남편의 이목을 끌기에 충분했다. 당시 우리 아이들은 5세, 3세였기 때문에 학원보다는 성경을 영어로 배울 수 있다는 문구가 우리를 사로잡았던 것이다. 어차피 우리 아이들은 영어를 배워야만 하는 환경 속에 살고 있고, 우리 부부는 말씀 안에서 하나님을 닮아가는 아이들로 자라나기를 원하고 있었다.

"아이들 영어학원은 여기로 보내야지."

"…."

"어차피 학원에 보낼 텐데 내가 배워서 가르치면 어떨까?"

단순한 생각으로 나는 성경영어에 관심을 갖고 알아보기 시작했다.

워킹맘이나 전업주부나 엄마들의 고민은 항상 같다. 일하는 엄마의 경우 아이가 커갈수록 회사일과 가정 가운데 중립을 지키기가 어려워진다. 특히나 아이가 학교에 입학하게 되면 휴직이나 회사를 그만두는 엄마들도 늘어난다. 나의 친구도 석사학위까지 있을 정도로 공부도 열심히 하고, 해외출장도 자주 갈 정도로 회사 내에서 능력도 인정받는 워킹맘이었다. 어린아이를 두고 1주일 이상 해외출장을 다니면서도 양가 부모님의 도움 없이 부부가 두 아이의 양육을 맡을 정도로 힘들게 유지해온 직장이었다. 그러나 이 친구는 큰 아이가 초등학교에 입학하면서 회사를 그만두고 전업주부가 되었다.

'아이들이 커가면서 엄마와 아내가 아닌 나 자신을 찾고 싶다.'
'가정경제에 도움이 되고 싶다.'

전업주부들이 흔히 하는 생각이다. 그렇다 보니 아이를 돌보면서 수익도 올릴 수 있는 직업을 찾게 되는 것이다. 나 역시도 그런 마음으로 많은 것들은 준비했다.

공부방 같은 경우에는 1. 교원 자격증 소지자, 2. 교습 과목과 동일한 국가자격증 소지자, 3. 전공 무관 전문학사 학위 소지자라면 누구나 교습소나 공부방을 운영할 수 있다. 또한 별도의 교습 공간이 필요하지 않아 살고 있는 집에 책상과 의자만 있다면 공부방 창업이 가능하고 다른 창업에 비해 초기 투자 비용이 저렴하다는 장점이 있다. 그렇기 때문에 많은 주부들이 공부방 창업을 준비하거나 시작하는 것이다.

하지만 공부방 창업을 위해서도 공부가 필요했다.

첫째, 과목– 어떤 과목으로 공부방을 운영할 것이지 결정해야 한다. 공부방도 과목이 다양하다. 한글, 영어, 사고력수학, 초등공부방 등 자신에게 맞는 과목을 결정한 후 경쟁 공부방이 얼마나 되는지 알아봐야 한다.

둘째, 수업료– 무조건 싸게 책정하는 것보다는 주변 공부방의 수업료 기준에 맞추는 것이 좋다.

셋째, 수업 대상– 미취학 아동 대상의 공부방을 할 것인지, 초등학생이나 중 · 고등학생을 대상으로 할 것인지 결정한 후 주변에 학교나 대상 연령의 학생들이 얼마나 있는지 사전 조사를 하는 것도 필요하다.

넷째, 입지 조건– 공부방의 경우에는 내 집에서 할 수 있다는 것이 최대 장점 중 하나이다.

다섯째, 공부방 현황– 인근 지역의 공부방 수, 가르치는 과목과 수업료, 학생 수, 수업시간 등 경쟁 공부방에 대한 정보를 알고 있는 것 또한 중요하다.

여섯째, 브랜드– 브랜드를 알고 있는 공부방의 경우에는 잘 짜여 있는 교육 과정과 교재, 교구를 제공받을 수 있다. 또한 교육을 통해 운영 방법이나 마케팅 방법 등을 배울 수 있기 때문에 경험이 없더라도 공부방 운영에 어려움이 없다. 그리고 학부모들에게 잘 알려져 있기 때문에 공부방 홍보에도 큰 장점이 있다. 하지만 초기 비용이 들어간다는 것은 단점이다. 반대로 자체 브랜드의 경우에는 초기 비용은 절약할 수 있지만 인지도가 없는 이유로 홍보에는 어려움을 겪을 수 있으며 경험이 없는 경우에는 시작하기 힘들 수도 있다는 단점이 있다.

공부방을 시작하는 것도 사업을 시작하는 것이기 때문에 고려해야 할 것이 참 많다. 하지만 나는 공부방 역시 위의 내용들을 하나도 생각하지 않은 채 우리 아이들의 영어를 내가 가르쳐야겠다는 마음 하나로 시작했다.

'공부방 해볼까?'

준비 없는 시작으로 나는 많은 어려움을 겪어야 했다.

사업은 실패했지만 내 삶은 실패하지 않았다

내가 시작한 과목은 성경을 영어로 배우는 성경영어였다. 종교적인 색채가 강할 수밖에 없는 과목이었다. 또한 내가 살고 있는 곳에는 국제학교가 있다. 다른 지역에 비해 외국인이나 해외 체류 경험이 있는 아이들이 많은 곳이다. 나는 이러한 지역의 특성을 고려하지 않은 채 공부방을 열었기 때문에 학생 모집에 많은 어려움을 겪었다.

나는 아파트 단지 안에 있는 초등학교 저학년 아이들을 수업 대상으로 삼고 아파트를 중심으로 홍보를 시작해야겠다고 마음 먹었다. 홍보라는 것을 해 본 적도 없는 내가 생각해 낸 것은 전단지 뿐이었다.

"아파트에 전단지를 붙이자."

나의 생각은 이것뿐이었다. 처음 시작은 아주 자신만만했다.

'전단지 붙이는 것쯤이야! 식은 죽 먹기지!'

얼마 지나지 않아 나는 내 생각이 아주 잘못된 것임을 알게 되었다.

나는 마치 무언가를 훔치러 온 사람처럼 한 층 한 층을 올라갈 때마다 왼쪽 오른쪽을 번갈아 쳐다보며 인기척을 확인하게 되었다. 고요한 복도에서는 내 심장소리가 이렇게 컸나 싶었고, 작은 소리도 내지 않으려고 조심스럽게 행동했다. 어쩌다가 사람을 마주치면 그 층에 살고 있는 사람인 것처럼 후다닥 엘리베이터 앞으로 가서 올라오지도 않는 엘리베이터를 쳐다보고 있었다.

몇 층 가지도 못했는데 온몸은 땀으로 젖었다. 위에서 누가 나를 당기기라도 하는 것인지 내 몸의 세포 하나하나가 곤두서 있는 느낌이라 금방 피로가 몰려왔다. 갈증도 쉽게 느꼈다.

'내 다리가 이렇게 무거웠던가?'

한 발자국 한 발자국 떼는 것도 너무나 힘이 들었다.

'우리 집에 전단지 붙인 모든 사람이 이런 기분이었겠구나. 항상 집 앞에 붙어 있던 전단지를 보며 화를 냈는데….'

내 모습을 반성할 수밖에 없었다. 전단지 붙이는 아르바이트는 정말 억만금을 준다고 해도 하고 싶지 않은 일이라는 것을 온몸으로 느꼈다. 그때 머릿속에 떠오르는 이야기가 하나 있었다. 남편이 다니던 회사를 그만두고 영업을 시작했을 때였다.

"나 오늘 회사 근처 아파트에 전단지 붙였어. 몇 명이나 연락을 줄지는 모르지만 가장인데 가만히 앉아서 기다리고 있을 수만은 없잖아…."

"오늘 힘들었겠다. 고생했어!"

내가 직접 경험을 하고 보니 남편이 가장 힘들었을 그때 어떠한 위로의 말도 건넬 수 없던 내가 너무나 한심하게 느껴졌다. 내가 전단지를 돌리고 왔다는 말을 했던 그날 밤 남편도 같은 일이 생각났는지 이런 말을 했다.

"오늘 너무나 고생했어. 진짜 힘들었지? 많이 힘들었으니 오늘은 내가 다리 마사지해줄게."

그날 우리는 전단지를 붙이는 무용담에 대해 즐겁게 대화를 나눴다.

집집마다 전단지를 붙이는 것은 노력에 비해 효과를 거두지는 못했다. 아니 홍보로는 효과적인 방법이 아니었다. 나는 무엇이든 쉽게 결정하고 쉽게 행동했기 때문에 더 나은 홍보 방법을 생각하지도 않았다. 모든 것은 마음먹기에 달려 있는 것인데 이런 마음으로 시작했으니 나는 열과 성을 다하지 않았다.

'이번에도 한번 해볼까? 안되면 우리 아이들만이라도 가르치면 되지.'

결과적으로 보면 나의 공부방 창업은 또 실패다. 공부방 창업의 시작부터 제대로 된 방향을 잡지 못했다. 과목의 선정부터 잘못되었고, 효과적인 홍보 방법이 무엇인지 알지 못했기 때문에 많은 아이들을 모으는 것에 실패했다. 하지만 나는 이번에도 누군가는 살면서 한 번도 경험하지 못하는 것을 경험했다. 모든 사업에 홍보가 얼마나 중요한 것인지도 알게 되었다.

사업에는 실패했지만 내 삶은 아직 실패하지 않았다. 내 인생이 어떻게 흘러갈지 아직은 알 수 없지만 나는 많은 실패의 경험으로 많은 것을 배웠고 더욱 단단하고 견고해져가고 있기 때문에 기대하고 또 기대한다.

하브루타 교사 : 아이와 함께는 불가능했다

누구나 몰려가는 길에 줄 설 필요는 없다. 그 누구도 아닌 자기 걸음을 걸어라.
나는 독특하다는 것을 믿어라. 누구나 몰려가는 길에 줄 설 필요는 없다.
자신만의 걸음으로 자기 길을 가거라. 바보 같은 사람들이 무어라 비웃던 간에.
– 영화 〈죽은 시인의 사회〉 중에서

유태인의 비밀

아이를 키우는 엄마들은 누구나 자녀 교육에 관심이 많고 열정적이다. 내 아이가 공부를 잘하길 바라며 좋은 직업을 가지고 살았으면 하는 것이 많은 엄마와 아빠의 바람일 것이다. 나 역시 두 아이를 키우고 있기 때문에 아이들 교육에 관심이 많다. 그 관심 때문에 방과 후 교사나 영어 공부방에도 도전했다고 생각한다. 하지만 큰 아이는 이제 1학년, 작은아이는 유치원을 다니고 있기 때문에 아직은 아이들의 학업 성적을 위한 교육보다는 많은 경험을 통해 세상을 배우고 알아갔으면 한다. 그리고 '할 수만 있다면 내가 직접 아이들을 가르치고 싶다.'라는 마음으로 많은 것을 배웠고, 아직도 배우고 싶은 것이 많다.

앞에서도 이야기했지만 남편과 나는 기도를 통해 첫 아이를 얻었고, 우리 아이들은 주일이면 아직도 아침부터 저녁까지 교회 안에서 놀고 예배를 드린다. 나는 두 아이가 공부만 잘하는 아이들이 되기를 바라지 않는다. 물론 두 아이가 공부에 흥미가 있고, 아이가 공부를 하기 원한다면 부모로서 그것은 당연히 밀어줘야 한다. 하지만 재능도 흥미도 없는 아이를 내가 먼저 나서서 학원을 보낸다거나 공부를 시킬 생각은 없다.

"아직은 아이들이 어려서 그래. 더 커봐. 학원을 안 보낼 수가 없어."

누군가는 이렇게 말할지도 모르겠다, 하지만 나와 남편은 공부를 잘하지 않아도 두 아이들이 자기가 하고 싶은 일을 찾고 즐겁고 재밌게 행복하게 살게 되기를 원한다. 그리고 아이들에게 꼭 바라는 한 가지는 하나님을 닮아가는 아이들이 되는 것이다. 하나님의 말씀이 마음속 깊은 곳에 자리 잡아 좌로나 우로나 치우치지 않고 하나님의 자녀로 중심을 잡고 살아가는 것이다.

퀴즈를 하나 내겠다. 이 사람은 누구일까?

30대 나이의 어린 CEO / 이전의 사업 경험 거의 없었음 / 2010년 타임지가 선정한 올해의 인물(1927년 대서양을 횡단한 찰스 린드버그 이래 최연소 선정) / 전 세계 20%가 넘는 사람들이 그의 회사가 제공하는 서비스를 받고 있음 / 재산 285억 달러(2014년 기준) / 274억 달러의 자산 기부

이 사람은 페이스북의 창업자인 마크 저커버그(Mark Elliot Zuckerberg)이다. 그는 별다른 실패 없이 22살의 젊은 나이에 첫 번째 사업에서 큰 성공을 거두었다. 그리고 우리가 잘 알고 있는 많은 사람들이 있다.

빌 게이츠: 100조원의 자산을 가진 세계 최고 갑부 순위 1위. 마이크로소프트웨어 설립자.

마이클 델: 27살에 Dell 컴퓨터 설립. Dell의 창업자겸 최고 경영자. 2012년 기준 전 세계 부자 순위 41위.

하워드 슐츠: 2004년 미국 포춘지 선정 올해의 기업인. 2004년 미국 〈타임〉지 세계에서 가장 영향력 있는 100인 선정. 스타벅스 설립자.

스티븐 스필버그: 2013년 포브스 세계에서 가장 영향력 있는 100인 선정. 〈E.T〉, 〈쥐라기공원〉 등 114편의 영화를 만들어낸 할리우드 대표 명장. 영화감독.

당신은 이들과 마크 저커버그의 공통점을 알고 있는가? 그것은 이들이

모두 유태인이라는 사실이다.

대다수의 유태인이 살고 있는 이스라엘의 인구는 1,500만 명 정도로 전 세계 인구의 0.2%에 불과하고, 그 면적은 한반도의 11분의 1, 남한의 5분의 1 정도라고 한다. 그들의 평균 지능지수(IQ)는 94로 세계 45위 정도이며, 국제성취도평가(PISA)에서도 이스라엘은 OECD 34국가 중에서 30위 정도로 최하위권이라고 한다. 하지만 노벨 수상자의 30%, 아이비리그(미국 동북부에 있는 명문 사립대를 말한다. 아이비리그에 속한 대학은 하버드, 예일, 펜실베니아, 프린스턴, 콜롬비아, 브라운, 다트머스, 코넬 등 8개 대학이다.) 학생의 23%, 세계 유수 대학의 교수진의 30%, 매년 미국 기부의 45% 그리고 미국 억만장자의 40%가 유태인이다. 나는 이러한 사실을 알고 너무나 놀라웠다.

이스라엘에서는 공교육 시간에 초등학생의 경우 저학년은 주 5시간, 고학년은 주 3시간의 성경 공부 시간이 있다고 한다.

"여호와를 경외하는 것이 지식의 근본."

"하나님을 공부하는 것이 진짜 공부를 하는 것이다. 그런데 말씀을 공부했더니 세상 학문이 쉬워지더라!"

많은 유태인들이 하는 이야기이다. 유태인들의 교육에는 하브루타가 있었다.

하브루타(Havruta)란?

하브루타(Havruta)는 히브리어로 친구, 또는 짝을 의미하는 단어이다. 우리나라에서 쓰이는 하브루타는 둘이 짝을 지어 토론하는 토론 수업을 지칭할 때 많이 사용된다. 하지만 유태인의 하브루타는 모든 토론이 아니라 구약의 모세오경(창세기, 출애굽기, 레위기, 민수기, 신명기), 즉 토라를 해석한 탈무딕트베이트(우리에게 익숙한 탈무드 토론)만 이야기한다고 한다. 하브루타의 중심에는 성경이 있다는 것이다.

나는 큰아이가 7살, 작은아이가 5살이 되던 해 하브루타에 대해 배울 수 있는 기회가 생겼다. 그러나 문제는 큰아이였다. 둘째는 어린이집에 다니고 있었지만 첫째는 유치원 겨울방학 중이었다. 하브루타를 배우기 위해서는 아이를 데리고 가는 방법밖에는 없었다. 우리 집에서 수업이 있는 강남까지는 넉넉하게 2시간, 왕복 4시간을 잡아야 했다. "아이가 견뎌낼 수 있을까?" 걱정이 되었지만 나에게 다른 선택은 없었다. 나는 유독 찬바람이 쌩쌩 불어대던 2018년 1월 아이와 함께 8주 과정의 하브루타 수업을 들었다.

수업이 있는 첫날 다행히도 아이는 신나게 나를 잘 따라나섰다. 나는 아이를 위해 장난감이며 간식을 가득 준비했다. 아이와 함께 놀아줄 친구가 있으면 너무 좋겠지만 현실은 달랐다. 내가 수업을 받는 3, 4시간 동안 아이는 놀아주는 사람 한 명 없이 혼자 시간을 보내야만 했다. 아이는 내

예상과는 다르게 처음에 너무나 의젓했다. 그러나 아이는 아이일 뿐. 엄마의 손길이 항상 필요했다. 수업시간 중 불쑥 들어와 말했다.

"엄마, 화장실에 가고 싶어요."
"엄마, 장난감이 없어졌어. 엉엉."
"엄마, 목말라요. 물 주세요."
"엄마, 심심해요."

아이는 다양한 이유로 나를 찾았다. 내가 수업에 집중할 수 없는 것은 당연했고, 나뿐만이 아니라 같이 수업을 받는 모든 분의 흐름이 깨질 수밖에 없었다. 나는 너무나 죄송했지만, 다들 아이를 키우는 엄마들이라 그랬는지 많은 배려 속에서 첫 수업을 무사히 마칠 수 있었다.

하지만 문제는 그 다음 주부터였다. 아이는 오가는 시간 버스 안에서의 지루함, 내가 수업을 받는 동안 혼자서 보내야 할 시간에 힘들어하고 있었다. 아이는 수업을 받으러 갈 때마다 가기 싫어 변명을 늘어놓았다. 어찌 보면 7살 아이에게는 당연한 반응이었다. 나는 새로운 것을 배우는 즐거움이 있었지만 아이는 아니었다. 낯선 공간에서 장난감 몇 가지, 휴대폰 하나로 몇 시간을 버티는 것은 아이에게 너무나 힘든 일이었다.

내가 사는 지역에 별칭이 하나 있는데 바로 '송베리아'다. 이는 내가 살고 있는 지역명과 시베리아를 합친 단어이다. 이곳은 바다를 매립한 지역

이어서 겨울이면 바닷바람이 엄청나다. 여기에 고층 건물들 사이로 돌풍까지 자주 불어 시베리아의 추위와 비슷하다고 붙여진 이름이다.

어느 날은 아이를 어르고 달래서 데리고 나왔는데 송베리아 바람이 절정을 이루고 있었다. 영하 20도가 가까운 날씨였다. 모자와 장갑, 목도리로 아이를 꽁꽁 싸매고 나왔음에도 어찌나 찬바람이 불어대는지 눈을 뜨고 앞을 보는 것조차 힘들었다. 내 몸 하나도 가누기도 힘들 정도로 엄청난 겨울 바람이 불어댔다. 이런 추위는 나 역시 처음이었다. 아직 아파트 단지를 벗어나지도 못했는데 귀가 떨어져 나갈 것만 같은 한파에 어찌할 바를 몰랐다. 어른인 나도 이렇게 힘든데 아이는 어떨까 하며 내 옆에 아이를 보니 불어대는 바람에 아이의 얼굴은 벌써 빨갛게 얼어 있었다.

"너무 추워요. 못 가겠어요."

아이의 눈에서는 눈물이 흘러내리고 있었다. 흐르는 눈물이 얼어버릴 것만 같은 추위와 바람에 아이를 데리고 나가는 건 무리라는 생각이 들었다. 이렇게 날씨가 너무 추워서, 아이들이 아파서 등의 이유로 나는 8주의 수업을 다 마치지 못했다. 하브루타는 몇 번의 수업으로 되는 것이 아니었다. 더군다나 나는 하브루타를 가르치는 교사를 목표로 수업을 듣고 있는 것이었다. 아이들을 가르치기 위해서는 하브루타의 개념을 익히고 내 삶 속에 적용해야 하는데, 8주의 수업도 온전히 참여할 수 없는 내가 아이들을 가르치는 것은 불가능했다.

"온전히 수업에 참여하고 집중할 수 있을 때 다시 도전하면 도와드릴게요."

선생님이 나에게 해주셨던 마지막 말씀이다. 나는 아쉽지만 수업을 그만둘 수밖에 없었다. 더욱 아쉬웠던 것은 하브루타 수업이 내가 살아오면서 어디에서도 누구에게도 배울 수 없는 수업이었다는 것이다.

전업주부로 살아오면서 많은 것들을 배웠고, 실패했고, 또 포기했지만 다시 도전하고 배우고 싶은 것이 있다면 그것은 바로 하브루타다. 우리는 세상을 살아가면서 다양한 경험을 하고 많은 문제에 부딪히게 된다. 그리고 그 문제들은 예측할 수 없다고 생각한다. 그러나 유태인들은 어린 시절부터 하브루타를 통해 인생에서 일어날 수 있는 많은 문제들에 대해 배운다. 그 덕분에 문제가 생겼을 때 누구보다 쉽게 해결할 수 있다. 나 역시 우리 아이들이 유태인들처럼 생각하고 행동하는 아이들로 자라나길 원한다. 더 늦지 않게 두 아이에게 어디서도 배울 수 없는 특별한 삶의 방법을 하브루타를 통해 경험하게 해주고 싶다.

나를 위로해준 것들

Gaiter Vocal Band, 'When I Cry'

아이들을 재워놓고 침대 위에서 울부짖던 그날 밤, 내가 하나님께 부르짖었던 내 마음이 이 곡의 가사 안에 들어 있다. 이 곡을 들으면 나와 함께 마음 아파하시는 하나님의 위로와 사랑을 느낄 수 있다.

Right now I'm lost and I can't find my way.

지금 저는 길을 잃고 헤매고 있어요

My world's come apart and it's breakin' my heart.

저의 세상은 부서지고 제 마음은 찢어지게 아파요

Alone in the dark, face in my hands, crying out to you.

어둠속에 홀로 얼굴을 손에 묻고 당신에게 부르짖습니다

Lord, there's never been a time in my life.

주님, 삶 가운데 이렇게 힘들었던 적은 없었습니다

There's so much at stake, there's so much to lose.

저는 너무 위태롭고 잃어야 하는 것이 너무 많아요

But I trust it to You.

하지만 전 당신을 믿고 모든 걸 맡깁니다

You'll bring me through.

당신이 저를 이끌어가시겠지요

3장

탈피,

엄마와 아내가 아닌 '나'를 찾아가는 법

나만 할 수 있는 유일한 일이 있다

앞으로 20년 뒤 당신은 한 일보다 하지 않은 일을 후회하게 될 것이다.
그러니 배를 묶은 밧줄을 풀어라. 안전한 부두를 떠나 항해하라.
당신의 돛에 무역풍을 가득 담아라. 탐험하라! 꿈꾸라! 발견하라!
– 마크 트웨인(소설가)

엄마의 자존감

"자존이야말로 모든 미덕의 초석이다." – 존 허셸

자존감(Self-esteem)은 말 그대로 자신을 존중하고 사랑하는 마음이다. 자신의 능력과 한계에 대해 어떻게 생각하는지에 대한 전반적인 의견이다. 스스로 가치 있는 존재임을 인식하고, 자신의 능력을 믿고 자신의 노력에 따라 삶에서 성취를 이뤄낼 수 있다는 일종의 자기 확신인 것이다.

자존감이 잘 형성된 사람은 자신을 소중히 여기며, 다른 사람과 긍정적인 관계를 유지할 수 있다. 학교나 직장에서도 자신의 능력에 자신감을 보이는 사람들을 볼 수 있는데 이들은 자존감이 잘 형성된 사람이라 할 수 있다. 자신을 지탱해주는 감정의 심지가 굳건하기 때문에 다른 사람의 비난이나 실수에도 흔들리지 않는 것이다. 그리고 인생을 흔들 만한 일들이 닥쳐와도 유연하게 대처할 수 있다.

하지만 자존감이 약한 사람은 남의 시선을 의식해가며 전전긍긍 살아간다. 자신감이 부족하기 때문에 대인관계가 원만하지 않고 열등감이 심하다. 두 아이를 키우는 내가 그랬다.

"내가 지금 집안일이나 한다고 나를 무시하는 거야?"

남편에게 화를 내기 일쑤였다. 남편은 그렇게 생각하지 않는다는 사실을 알면서도 내 마음은 남편이 지금 나를 무시하고 있다는 생각으로 가득 차 있었다. 하루는 잠을 잘 시간이 지났는데도 큰아이가 잘 생각을 하지 않았다.

"이제 잘 시간이야. TV 그만 보고 들어가자."

"싫어요! 난 TV 더 볼 거예요! 자고 싶으면 엄마 혼자 자요."

화를 내려는 것을 참고 한 번 더 이야기했지만 아이는 듣지 않았다.

"얼른 들어가서 자. 늦었다."
"네!"

남편의 말에는 쉽게 수긍하는 아이.

'내가 집에만 있으니 아이도 나를 무시하는구나.'

나는 걷잡을 수없이 화가 났다. 그리고 아이를 방으로 불러내 혼내기 시작했다.

"엄마가 말할 때는 듣지도 않더니 아빠 말은 한 번에 듣는 건 뭐야? 너 지금 엄마 무시하니?"
"네!"

아이의 대답에 나는 아무 말도 할 수가 없었다. 둘째에게도 비슷한 경험을 했다. 나는 5살 둘째 아이와 함께 주어진 문장을 듣고 그에 알맞은 그림을 찾는 문제를 풀고 있었다.

"엄마는 책을 읽고, 아빠는 운동을 해요."

엄마는 요리하는 그림과 책을 보는 2가지의 그림. 아빠는 신문을 보고 운동을 하는 두 가지의 그림이 있었다. 아이는 요리하는 엄마, 운동을 하는 아빠의 그림을 자신있게 골랐다.

"다시 읽어줄게. 엄마는 책을 읽고 아빠는 운동을 하고 있어."

"그러니까 여기! 엄마 요리하는 거."

"엄마는 책을 읽고 있대. 책 읽는 그림 골라야지."

"우리 엄마는 책 안 읽어. 엄마는 요리만 해. 아빠는 밤에 집에서 운동하는데 엄마는 책 안 읽어."

정확하게 엄마와 아빠의 모습을 파악하고 있는 아이에게 나는 할 말이 없었다. 내 모습이 부끄러웠고 그 자리를 벗어나고만 싶었다. 그리고는 두 아이들의 눈에 비춰지는 내가 과연 어떤 엄마일까 생각하니 답답함만 가득했다. 아이들에게 나는 밥 해주고 청소하고 유치원에 데려다주며 가끔 불같이 화를 내는 사람일 뿐이었나? 이런 생각을 하니 나는 끊임없이 낮아지고 한없이 작아졌다.

왜 나는 이렇게 작아졌을까? 나 스스로 당당해질 수 있는 방법은 없는 것일까? 아이들과 남편의 모습과 행동보다는 그 행동에 모든 의미를 부여하는 내가 문제가 아닐까 하고 생각을 바꾸어보았다. 회사원인 남편은 출퇴근 시간이 정해져 있고, 주 5일 근무를 하고 있다. 그러나 내가 일하는 직장은 출퇴근 시간은 정해져 있지도 않고, 남편과 아이들이 쉬는 날은 더 바쁘다. 아르바이트생도 일한 만큼 시급으로 보상을 받는다. 직장인들은 월급에, 추가 근무하는 날은 추가 근무 수당도 받는다.(물론 다 받을 수 있는 것은 아니지만 말이다.)

어떤 직장, 어떤 직업이든 본인이 한 일에 대한 정당한 보수를 받고 있다. 하지만 주부라는 직업은 정당한 보수는 기대도 할 수 없고, 심지어는 열정페이조차 받을 수 없다. 우리는 가족의 행복한 모습으로 모든 것을 보상받는다. 해도 해도 티가 안 나지만 하지 않으면 더 크게 티가 나는 것이 우리의 일이다. 우리는 몸과 마음이 망가져가면서도 가족을 위해 희생하고 봉사하지만 주부들을 '노는 사람'이라고 간주한다. 가장 가까운 남편까지도 말이다. TV CF에는 이런 카피도 있다.

'왜 엄마라는 경력은 스펙 한 줄 되지 않는 것이냐고….'

엄마는 능력자

한국여성정책연구원에서는 전업주부 연봉 체크리스트를 발표했다. CJ 홈쇼핑은 2006년 주부 설문조사를 실시해 40대 전업주부 연봉을 3,407

만 원이라고 발표했고, 지난해 5월 삼성증권은 서울남부지법이 전업주부 교통사고 보상금으로 최고액인 65,000원(특수인부 일당)이라고 판결한 것을 적용해 2,500만 원이라고 추산했다.

미국의 개인재무 상담업체인 샐러리닷컴(www.salary.com)은 지난해 '어머니'라는 직업을 가정부, 보육교사, 요리사, 운전기사(자녀 등하교), 최고경영자, 심리상담사(자녀 · 남편 달래주기) 등 10개 직업을 합친 것으로 보고 1억 2,900만 원으로 책정했다고 한다.

전업주부가 10가지 직업을 가질 수 있는 능력이 있는 사람만 할 수 있는 일이라는 것을 인정받았다. 우리는 그렇게 인정을 받은 사람들이다. 물론 1억 2,900만 원이라는 연봉이 책정됐다고 해서 그만큼의 연봉을 받을 수는 없지만 전업주부 스스로의 자존감을 높이기에는 충분하지 않을까?

자존감(Self-esteem)은 말 그대로 자신을 존중하고 사랑하는 마음이기 때문이다. 내가 나를 사랑하지 않으면 절대로, 아무도 나를 사랑해주지 않는다. 내가 나를 사랑하기 시작할 때 우리는 어디서든 사랑받을 수 있다. 모든 것은 마음먹기에 달려 있다는 사실을 잊지 말자. 어떻게 보면 직장 내에서 내가 맡고 있는 업무는 내가 아니어도 누군가 할 수 있는 일이다. 물론 얼마동안 익숙하지 않은 대체 인력 덕분에 더디게 돌아갈 것이다. 하지만 결국 내 자리는 누군가 채울 것이고, 어쩌면 나보다 더 능력을 펼치게 될 수도 있다. 김 대리, 김 과장은 누구나 할 수 있고 누구나 될 수 있다. 하지만 대체될 수 없는 자리가 하나 있다. 그곳은 '내 아이의 엄마'라는 자리다. 그것이 나만 할 수 있는 유일한 자리라는 사실을 잊지 말자.

나를 위로해준 것들

영화 〈꾸뻬 씨의 행복여행〉

현재의 삶에 만족하지 못하고 있는가? 이 영화는 보기에는 행복의 조건을 모두 가진 주인공이진정한 행복이 무엇인지 찾아가는 여행이다. 행복이란 무엇인가? 지금 행복한 사람이라고 생각하는가? 지금 행복하지 않은 당신에게 이 영화를 추천한다. 이 영화를 보고 나면 행복의 크기는 누군가가 정해주는 것이 아니라는 것을 알게 될 것이다.

"Making comparisons can spoil your happiness. Happiness is not attaching too much importance to what other people think. Happiness is to be loved for exactly who you are."

비교하는 것은 당신의 행복을 망친다. 행복이란 다른 사람들이 생각하는 것을 크게 중요시 여기지 않는 것이다. 행복이란 당신 그대로 사랑받는 것이다.

"Many people only see happiness in their future. Happiness is being with the people that you love."

많은 사람들은 행복을 단지 그들의 미래 속에서만 찾는다. 행복은 자신이 사랑하는 사람과 함께 있는 것이다.

"Sometimes happiness is not knowing the whole story. Happiness ogten come when lease expected."

가끔은 진실을 다 알지 못하는 것이 행복이다. 행복은 가끔 가장 기대하지 않았던 것으로부터 온다.

"The basic mistake people make is to think that happiness is the goal."

사람들이 하는 가장 기본적인 실수는 행복을 목표라고 생각하는 것이다.

자신감만 가지면 절반은 성공이다

꿈은 날짜와 함께 적어놓으면 그것은 목표가 되고, 목표를 잘게 나누면 그것은 계획이 되고,
그 계획을 실행에 옮기면 꿈이 실현된다.
– 그레그 S. 레이드(작가)

열등감이 무서운 이유

토끼와 거북이 이야기를 모르는 사람은 없을 것이다.

'거북이는 왜 토끼와 경주를 하려고 했을까?'

내가 아주 좋아하는 개그우먼이 있는데 그분은 바로 이영자 씨다. 그녀는 개그맨 시험에서 8번이나 낙방했지만 포기하지 않았고, 최고의 자리에 올랐을 때 구설수에 오르며 방송을 쉬어야 했다. 그리고 방송에 복귀해 여자 개그우먼으로는 처음으로 2개의 방송사 연말 시상식에서 대상을 차지해 제2의 전성기를 맞이했다. 어느 날 그녀가 출연하는 방송에서 본 강연이 내 마음을 울렸다. 그 내용을 요약하면 이렇다.

내가 살면서 가장 힘들었던 건 주변의 상황이나 환경이 아닌 나도 모르게 왜곡된 나의 열등감이었다. 나는 어디를 가든지 냄새를 맡는다. 우리 집이 생선가게를 하고 있었기 때문에 비린내가 난다는 것이 콤플렉스였다. 누군가 냄새만 맡아도 기죽었고 놀림받을까 봐 몸의 냄새를 확인하던 것이 성인이 된 지금도 습관으로 남았다. 별다른 의도 없는 친구들의 행동에도 혼자 부풀려 생각하고 상처를 키워왔다. 그러다가 친구들이랑 싸우기도 했는데 지금 돌이켜보니 그것은 친구들이 아니라 왜곡되게 세상을 봤던 나의 문제였다. 콤플렉스가 생긴 또 다른 이유는 철저히 남아 선호 사상을 가진 엄마 때문이었다. 치킨을 시키면 닭다리는 언제나 오빠 꺼, 닭 날개는 아버지 꺼, 나에게 돌아오는 것은 닭 목뿐이었다. 나는 닭다리가 그렇게 맛있는 줄 나중에야 알았다. 열등감에 갇혀 있던 나는 꼭 성공해서 혼자 닭 한 마리를 다 먹으리라 다짐했다. 닭 한 마리를 다 먹으려면 돈을 벌어야 했고, 그 다짐은 내 성공의 원동력이 되었다.

열등감이 무서운 이유는 나 자신뿐만 아니라 가족까지 망가뜨릴 수 있다. 내가 알지 못하고 고치지 않으면 세상의 소리를 비딱하게 듣게 만든다.

2018년 여름 날, 내 주변을 둘러보았다. 적게는 한 명, 많게는 세 아이를 키우면서도 엄마로, 아내로 사는 것에 만족하지 않고 자신의 일을 가지고 있는 멋진 여자들이 보였다. 오로지 나 혼자만 엄마와 아내라는 이름에 만족하며 살고 있는 것을 보면서 내 속에 열등감이 폭발한 것이다.

"저 여성들이 자신의 일에 집중할 때, 나는 무엇을 하고 있었지? 왜 나는 내 삶보다 남편과 아이들이 더 소중하다고 생각했을까."

이런저런 생각이 복잡하게 뒤엉켜졌다. 한참을 그렇게 보내던 중 여름휴가 바로 전날, 내일 휴가를 떠난다는 설렘이 가득해야 할 그날에 남편과 사소한 말다툼을 하게 되었다. 어떤 일로 싸운 것인지 기억도 나지 않을 만한 아주 작은 문제였다. 평소 같았으면 그냥 웃으며 넘어갈 수 있을 그 문제로 나는 남편과 몇 시간동안 싸우고 있었다. 운전을 하고 있던 남편과 말다툼을 하면서 몇 번의 사고의 위험을 겪으며 집으로 돌아왔고 그 뒤로도 우리의 싸움은 그치지 않았다. 나의 눈물도 멈추지 않았다. 언제 잠이 들었는지도 모르게 밤새 울다 지쳐 잠이 들었고, 아침에 일어나서도 나는 남편과 아이들의 얼굴을 보고 싶지 않았다. 그리고 핸드폰과 책 한 권만 들고 눈을 뜨자마자 집을 나와버렸다.

남편과 아이들은 난리가 났다. 휴가를 떠나야 하는 기쁜 날 엄마가 없어져버렸으니 아이들의 상실감은 클 수밖에 없었을 것이다. 남편은 나에게 수없이 전화를 했지만 받고 싶지 않았다. 들떠 있을 아이들을 생각하면 미안함이 가득했지만 나는 집으로 돌아가고 싶지도, 휴가를 가고 싶지도 않았다.

"미안해. 그런데 아이들이 기다리고 있으니 곧 돌아와."

남편의 문자였다. 내 마음은 정리되지 않았지만 아이들이 있었기 때문에 나의 돌발 행동은 몇 시간 만에 막을 내리게 되었다. 도살장에 끌려가는 소가 이런 기분일까? 시원한 여름 산의 맑은 공기도 맡을 여유가 없이 휴가지에 도착했고, 서둘러 짐을 풀며 주어진 이 시간을 즐기기로 마음을 바꿨다.

자신감만 가지면 절반은 성공한다

그날 밤, 나는 살면서 한 번도 느끼지 못한 공포를 느꼈다. 둘째와 나는 이층 침대의 아래층에 모기장을 치고 잠을 청하고 있었는데 아주 무거운 무언가가 나의 가슴을 누르는 것과 같은 느낌이 들었다. 가끔 가위에 눌리는데 그것과는 다른 느낌이었다. 가위에 눌릴 때에는 손과 발이 묶여 움직이려고 해도 움직일 수 없는 느낌이지만 이건 아니었다. 나는 숨을 쉬려고 노력했지만 내 가슴 위에 아주 무거운 무언가는 나에게 숨을 쉴 작은 공간조차 허용하지 않았다. 이대로라면 곧 죽을 수도 있겠다는 공포를 느꼈다. 일단 모기장에서 빠져나왔다. 한참 지나니 호흡이 안정되기 시작했다. 다시 한 번 자리로 돌아가 잠을 청해보았지만 나는 같은 공포심을 또 한 번 느끼게 되었다. 그때 알았다. 공황장애를 앓고 있는 사람들, 패쇄 공포증과 같은 병을 앓고 있는 분들이 왜 힘들어하는지를 말이다.

그 당시 나 역시 열등감이 나와 가족을 망가뜨릴 수 있다는 것을 경험하였기 때문에 나는 그녀의 강의에 공감할 수 있었던 것이다.

앞서 토끼와 거북이의 경주 이야기를 했다. 우리가 다 알고 있듯이 토끼가 이길 것이라는 예상을 뒤엎고 거북이가 승리했다. 누가 봐도 거북이는 토끼의 상대가 되지 않는다. 결과가 뻔히 보이는 경기에 거북이는 왜 참가했을까? 이영자 씨는 이런 결론을 내렸다고 했다.

'거북이는 콤플렉스가 없었구나.'

거북이는 묵묵히 자기 자신의 길을 간 것일 뿐 느리다는 열등감이 없었기 때문에 승패와 상관없이 경기에 임할 수 있었다는 것이다. 이제 초등학교에 입학하는 첫째 아이에게도 같은 질문을 했다.

"토끼와 거북이 이야기 알지? 거북이는 왜 토끼랑 경주를 한 것 같아?"

"거북이는 이길 거라는 자신감이 있었으니까!"

아이는 한 치의 망설임도 없이 대답했다. 자신감이라는 것은 이렇게 상식을 뛰어넘는 결과를 가져온다.

〈라바〉를 아는가? 라바는 2011년 우리나라에서 방송되었던 애니메이션으로, 특이한 점은 대사가 없이 등장인물들의 몸개그, 비명소리와 울음소리 등으로 이루어져 있다는 것이다. 그런데 이 애니메이션이 왜 대사가 없이 만들어졌는지 아는 사람은 많지 않을 것이다. 처음 기획 당시 〈라바〉는 우리가 흔히 보아왔던 애니메이션처럼 대사가 있는 작품이었다. 하지만 제작사에서는 자금이 충분하지 않았다. 제작에 필요한 자금과 성우를 써서 녹음을 할 충분한 자금이 없었던 것이다. 제작사의 입장에서 제작비가 충분하지 못하다는 것은 아주 커다란 문제다. 누군가는 제작을 포기하는 선택을 할 수도 있다. 그러나 〈라바〉의 제작진은 대사를 없애고 제작을 하겠다는 선택을 한다. 모두의 상식을 뛰어넘는 선택이었다. 작품에 대한 애정과 자신감이 없었다면 절대로 할 수 없는 선택이다. 그리고 그 결과는 놀랍다.

2009년에는 WAF(Web Animation Festival) 대상, SBS 창작 애니메이션 최우수상, 2012년에는 대한민국 콘텐츠 대상 문화부장관상을 수상했다. 그리고 2013년 6월에는 라바 2기가 제19회 상하이 TV 페스티벌에서 애니메이션 부문 최우수상을 수상으며 10월에는 국제 에미상 키즈애니메이션 수상작 후보에 올랐다.

대사가 없는 애니메이션이기 때문에 전 연령층이 볼 수 있고, 언어 장벽이 없어 이미 인도네시아 · 태국 · 일본 · 네덜란드 등에 수출돼 인기를 끌었다. 넷플릭스와의 계약을 통해 국내 애니메이션으로는 처음으로 북미 IPTV에서 방영되기도 했다. 2017년 약 500억의 매출을 올렸으며 코스닥 상장도 준비 중이라고 한다.

하버드대학교에서는 이런 말이 많이 쓰인다고 한다.

"자신감만 가지면 절반은 성공한다."

하버드는 미국 종합대학 학부 순위에서 언제나 3위권 안에 들었으며 해마다 세계 대학 학술 순위에서 1~2위를 차지한다. 미국은 물론 세계 최고의 교육 수준을 자랑하는 곳으로서 전 세계의 엘리트들이 모이는 곳이다. 하버드는 많은 대통령을 배출해내기도 했다. 미국에서는 초대 대통령인 조지 워싱턴, 토마스 제퍼슨 등이 명예학위를 받았고, 시어도어 루

즈벨트, 존 F 케네디, 조지 W. 부시를 비롯해서 버락 오바마 대통령에 이르기까지 총 8명이 하버드 출신이다. 또한 47명의 노벨상 수상자, 32명의 국가수반, 48명의 퓰리처상 수상자를 비롯해 다양한 분야에서 수많은 유명 인사를 배출했다. 현재 32만 명 이상의 졸업생들이 미국을 비롯해 전 세계 200여 개국에서 활동하고 있다.

그러나 이곳에도 자신감이 부족하고 자신의 능력을 제대로 인식하지 못하는 학생이 많다고 한다. 누구나 부러워할 학교에 다니는 이들이 자신감이 부족하다니…. 이해할 수 없지만 학생들이 자신이 좋은 성적을 내면서도 많은 일들을 불가능하다고 여기기 때문이라고 한다.

사람은 누구나 자신의 상황에 관계없이 열등감을 가지는 존재이다. 그러나 우리가 잊고 있는 사실은 하나의 자신감은 하나의 성공을 가져오고, 열의 자신감은 열의 성공을 부른다는 것이다. 도전하지 않으면 그 결과는 알 수 없다. 나 스스로에게 집중해서 열등감을 찾아내 부숴버리자. 그리고 기억하자.

"자신감만 가지면 절반은 성공한다."

나를 위로해준 것들

간디학교 교가 '꿈꾸지 않으면'

초등학교에 입학 한 첫째가 학교에서 배웠다며 들려달라고 했던 곡이다. "꿈꾸지 않으면 사는 게 아니라고." 이 말이 꼭 나에게 해주는 말 같았다. 그것이 무엇이든 배우고 꿈을 꾸는 삶을 사는 당신이 되기를 바란다.

꿈꾸지 않으면 사는 게 아니라고
별 헤는 맘으로 없는 길 가려네
사랑하지 않으면 사는 게 아니라고
설레는 마음으로 낯선 길 가려 하네
아름다운 꿈 꾸며 사랑하는 우리
아무도 가지 않는 길 가는 우리들
누구도 꿈꾸지 못한 우리들의 세상 만들어가네
배운다는 건 꿈을 꾸는 것
가르친다는 건 희망을 노래하는 것
우린 알고 있네 우린 알고 있네

10년차 주부의 마음 맷집을 믿어라

목표란 다른 사람보다 더 나아지는 게 아니다.

다른 누구도 아닌 '어제의 나'보다 나아지는 것을 목표로 삼아라.

–『에너지 버스』 중에서

운전은 너무 어려워

세상을 살면서 내가 절대로 할 수 없는 일이 운전이라고 생각했다. 첫 시작부터 내 의지로 시작한 일이 아니었기 때문이다.

"면허를 따라!"

2001년 대학생이 된 내게 아빠가 내린 특명이었다. 그리고 나는 아빠의 손에 이끌려 운전면허학원에 등록했고, 2종 보통 수동으로 운전을 배웠다. 운전을 해본 사람들은 알 것이다. 2종 보통 수동을 딸 것이라면 1종 보통을 따는 것이 낫다는 것을 말이다. 학원에서도 그렇게 권하는데 아빠는 듣지 않고 무조건 2종 보통 수동으로 배워야 한다고 하셨다. 1종 보통은 대부분 트럭으로 운전을 배우지만, 2종 보통 수동은 일반 승용차로 운전을 배우게 된다. 처음 아빠 손에 이끌려 운전을 배우러 간 내가 이런 상식이 있었을 리가 없었다. 나는 그냥 아빠가 하라는 대로 2종 보통 수동으로 운전을 시작했다. 운전이라는 것을 처음 해본 내가 기어를 변속하는 것은 쉬운 일이 아니었다. 어찌어찌하여 기능시험까지는 합격했지만 문제는 도로주행이었다.

나는 매일 눈물이 날만큼 호되게 선생님께 혼나면서 운전 연습을 했다. 새로운 것을 배운다는 것이 하나도 즐겁지가 않았다. 울면서 연습하고 억지로 시험을 본 내가 합격했을 리가 없다. 도로주행에서 몇 번이나 탈락했던 나는 아빠에게 2종 보통 자동으로 바꿀 것을 제안했고, 처음부터 운전을 다시 배워야했다.

차를 바꾼다고 운전이 재밌어졌을까? 절대로 아니었다. 의지가 없었던 나. 운전면허를 왜 따야 하는지를 몰랐던 나는 차량을 바꾸고 나서도 탈락은 계속 되었다. 그 뒤로도 몇 번의 탈락 끝에 나는 드디어 운전면허시험에 합격했다. 그러나 지금도 기억이 나는 시험 감독관님의 말이 있다.

"학생이 너무 안쓰러워서 면허증 주는 거야. 운전 연습 진짜 많이 해야 해!" 면허증이 생겼다는 기쁨보다는 학원에 가지 않아도 된다는 사실에 너무나 기뻤다.

그러나 나의 면허증은 그 뒤로 약 10년 넘게 햇빛을 보지 못하고 지갑 속 한 자리만 차지하고 있을 뿐이었다.

결혼 후 엄마는 여자도 운전을 해야 한다고 나에게 운전 연수를 시켜주셨다. 하지만 나는 필요성을 느끼지 못했다. 남편도 나의 운전을 강력히 반대했지만 엄마는 무조건 운전을 해야 한다며 강하게 나가셨다. 엄마의 강요에 못 이겨 연수를 받았지만, 처음 남편을 태우고 운전하던 그날 절대로 남편에게 운전을 배워서는 안 된다는 진리를 경험했다. 안 그래도 내가 운전하는 것을 반대했던 남편, 연수를 받았으니 운전은 시켜봐야 했는데 운전 경력이 10년이 넘는 운전자에게는 초보인 내 운전 실력이 형편없어 보였겠지….

"그렇게 운전해서 사람 죽일 거야?"

"왜 소리를 질러?"

"지금 사람 칠 뻔했잖아!"

"안 쳤잖아! 처음이니까 그럴 수도 있지! 그렇다고 그렇게 소리를 질러? 당신은 처음부터 운전 잘했어?"

"응! 난 처음부터 잘했어!"

"…."

남편은 내가 운전하는 내내 화를 냈다. 결국 나는 운전을 포기하고 집으로 돌아왔다. '앞으로 다시는, 절대로 운전하지 않을 거야.' 다짐했다. 그런데 아이가 둘이 되고 큰아이가 차량이 없는 구립 어린이집에 입소하게 되면서 운전을 할 수밖에 없었다.

"사람만 치지마!"

다시 운전을 시작하는 나에게 남편이 해준 말이었다. 그때 우리 차는 뽑은 지 얼마 되지 않은 SUV였다. 새 차를 운전해야 한다는 부담감, 어쩔 수 없는 상황에 억지로 운전을 했는데 1주일쯤 지났을까 나는 사고를 내고 말았다. 지나가는 행인을 친 인사 사고였다. 길을 지나가던 아주머니는 나의 운전 미숙으로 다리를 다치고 말았다.

"내가 사람만 치지 말라고 했잖아."

"사람 친 여자래요!"

남편은 한참동안이나 나를 놀려댔다.

첫 사고 후 누구나 그렇듯 나는 극심한 스트레스를 받았다. 하루에도 수십 번씩 그 순간이 떠올랐고, 나는 자책할 수밖에 없었다. 남편은 나 대신 피해자와 가족에게 사과를 하고 사고를 수습하느라 바빴다. 그 뒤로도 나는 주차장이 따로 없는 우리 집 빌라 언덕에 주차를 하다가 사고를 내는 등 운전한 지 한 달도 안 되었는데 몇 번의 사고를 냈다. 남들은 일생에 몇 번 없을 사고를 나는 한 달 동안 몇 번을 냈는지 모른다.

"엄마가 운전하는 차는 무서워서 못 타겠어."

당시 4살이던 큰아들이 했던 말이다. 아이에게 이런 말을 들으니 운전을 다시 할 수 없었다. 하지만 나는 속으로 웃고 있었다. 아이를 핑계로 나는 지긋지긋한 운전 지옥에서 해방될 수 있었으니 말이다.

아이의 등하원을 맡아주실 친정아빠가 계셨기 때문에 나는 앞뒤 생각 없이 운전을 그만둘 수 있었다. 하지만 그로부터 1년 후 우리 가족 외에는 아무도 아는 사람 없는 곳으로 이사를 했다. 하지만 다행인 것은 두 아이가 단지 내 어린이집에 다니게 되었기 때문에 운전을 하지 않아도 된다는 사실이었다.

생각이 모든 것을 바꾼다

삶이란 내 마음대로 되지 않는다. 1년 뒤 첫째 아이가 단설유치원에 다니게 되면서 운전을 할 수밖에 없는 상황이 온 것이다. 이제는 모든 것을 나 혼자 해내야만 했다. 나를 도와줄 수 있는 사람은 아무도 없었다. 남편은 나를 위해 차를 바꾸어주었다. 기존의 차로는 내가 사고 당시가 생각나 제대로 운전을 할 수 없을 것이라고 판단했기 때문이었다.

"여기서도 운전을 못 하면 어디서도 운전을 할 수 없어!"
"이번엔 포기하지 말고 해봐!"

이때부터 운전과의 싸움이 시작되었다. 나는 운전을 해야 한다는 공포심에 며칠간 잠을 이루지 못했다. 그리고 운전을 해야 하는 시간이 다가오면 마치 방금 100m 달리기를 끝내고 온 사람처럼 엄청난 심장 박동과 심리적 부담감을 느끼게 되었다. 그 당시 나는 영어공부방을 준비 중이라 동영상 강의를 듣고 있었는데 정철 선생님이 이런 말씀을 하셨다.

"나는 세상에서 영어랑 운전이 제일 쉬워!"

나는 동의할 수 없었다. 나는 제일 어려운 것이 영어랑 운전인데….
'운전이 얼마나 어려운데, 나는 운전 때문에 죽을 것만 같다고!'

나의 마음과 달리 선생님은 이렇게 말씀하셨다.

"시동 켜고 왼쪽 오른쪽으로 핸들만 돌리면 움직이는 것이 운전 아니야? 핸들만 돌리면 내가 가고 싶은 데로 다 갈 수 있는데 이렇게 쉬운 것이 어디 있어?"

그리고 운전대를 잡을 때마다 한동안 정철 선생님의 말씀을 생각했다.

"나는 운전이 제일 쉽다!"

이 말을 수십 번 수백 번 되뇌었다. 그리고 오늘 하루도 사고 없이 안전하게 지나가게 해달라고 기도할 수밖에 없었다. 그러나 운전한 지 1주일 만에 나는 또 사고를 냈다.

'나는 정말 운전을 하면 안 되는 사람이구나. 나는 정말 구제불능이야.'

하지만 당장 몇 시간 후 둘째 아이를 데리러갈 수밖에 없는 상황이었다. 이대로는 안 되겠다는 생각이 들었다.

'어차피 해야 하는 것인데 나는 왜 안 된다고, 못한다고만 하고 있을까?'

그때 깨달았다. 생각을 바꾸면 모든 것이 바뀐다는 것을 말이다. 나는 이렇게 마음먹었다.

“네가 이기나, 내가 이기나 한번 해보자! 나는 물러설 곳이 없거든!”

이렇게 마음을 먹으니 심리적 압박감도 덜해졌다. 내 심장 박동은 점점 줄어들었고, 언제 그랬냐 싶을 정도로 나는 압박감에서 해방되었다. 시간이 되면 자연스럽게 자동차 키를 가지고 주차장으로 향하는 나를 발견했다. 그 뒤로 나는 어떻게 되었을까? 2년 동안 한 번도 사고를 내지 않았다. 물론 아파트 주차장 기둥에 긁힌 적도 있고, 이런저런 상황으로 내 차를 상하게 하기는 했다. 그러나 사람을 치거나 다른 사람의 재산에 손해를 입혔던 것에 비하면 이것은 아무 것도 아니었다. 발전하고 있다는 것을 나 스스로 느낄 수 있었다. 우리는 그 뒤로 차를 3번 바꾸었다. 내가 전과 같은 마음이었다면 “난 못 해!” 지레 겁을 먹었을 것이다. 차를 바꿀 때마다 부담은 있었지만 이 차들을 끌고 다니면서 운전에 자신감을 가지게 되었다.

작년에 우리는 차를 또 한 번 바꾸었다. 운전만 안 하면 좋겠다고 생각했던 내가 벌써 몇 대의 차를 운전한 것인가? 그리고 이번에 남편이 원하는 차는 9인승 카니발이었다. 남편은 출퇴근 시에는 회사 차량을 운전하기 때문에 우리를 거쳐간 모든 차는 아이들 등하원을 담당하는 내가 주

운전자였다. 나는 처음에 반대했다. 내가 운전을 할 수 있을까 싶었으니까. 그러나 남편은 예전부터 카니발을 원했다. 운전이 서툰 내 덕분에 아직까지 바꾸지 못했던 것뿐, 이제 남편은 더 이상 미루지 않을 것이 분명했다. 나는 어쩔 수 없이 운전을 할 수 밖에 없을 것이다. 그렇다면 '나는 할 수 있다!'라는 생각을 가지는 것이 제일 중요했다.

"그까짓 것 해보지 뭐!"

남편이 차를 가지고 온 첫날 운전을 해보니 그 전과 다르게 운전이 힘들지 않았다. 주행보다 주차가 힘들 것이라는 예상과는 다르게 주차도 할 만했다.

'할 수 있겠다!'

자신감이 생겼다. 그리고 아직까지 문제없이, 사고 없이 잘 몰고 다닌다. 아이들을 등하원시키고 유치원을 나오면서 나는 가끔 놀란다.

"정말 내가 이 차를 운전하는 거야?"

남편이 차를 바꾼다고 할 때마다 이런 생각을 했다.

'이제 좀 적응하나 싶었는데 또 바뀌? 정말 징글징글하다.'

남편이 어떤 마음으로 차를 바꾼 것인지 모르지만 나는 남편 덕분에 운전 시작 몇 년 만에 다양한 차를 운전했고, 이제는 어떤 차를 몰게 되더라도 두려움 없이 몰 수 있는 자신감이 생겼다. 지금 와서 생각해보니 남편은 나의 운전 맷집을 키워준 가장 고마운 사람이다.

'할 수 있다!' 이 마음가짐이면 우리는 모든 것을 할 수 있다! 마음가짐이 가장 중요하는 것을 내가 직접 경험해보았으니까. 절대로 할 수 없을 것만 같았던 운전을 정복하기까지 나에게는 10여 년 넘는 시간이 걸렸다. 이제 어떠한 문제가 생기더라도 나는 견뎌낼 수 있고, 이겨낼 수 있는 단단한 맷집이 생겼다.

"내가 해냈으니 당신도 할 수 있다!"

헛된 시간은 없다, 내공을 쌓아라

삶의 목표는 여정 자체를 즐기는 것.

젊고 즐겁게 살다가 얼굴에 웃음을 띤 채 마지막 종착역에 도착하는 것이다.

-『에너지 버스』 중에서

내 삶의 새로운 시작점

전업주부로 살아오면서 엄마로 아내로 사는 행복을 느꼈다. 나에게 주신 삶은 나의 성공보다는 아이와 남편을 위한 삶이라고 생각하며 살았다. 아이들을 키우며 얻는 행복, 남편을 섬기며 얻는 행복 덕분에 내 이름이 잊히는 것은 당연한 것이라고 여겼다. 하지만 어느 순간 그것이 나 혼자만의 착각이 아닐까 하는 생각이 머릿속에 가득 찼다. 내 삶이 평온한 것, 내 삶 가운데 아무 일도 일어나지 않는 것은 내가 아무것도 시도하지 않고 있기 때문이라는 생각이 들었다. 나는 주부로 살아온 10여 년이 헛된 시간이었다는 생각으로 힘들었다.

내가 다니는 교회에서는 매년 11월부터 40일 철야기도회를 한다. 매일 밤 기도회를 통해 신앙이 성장하고 기도에 응답을 받기도 하는 귀한 시간이다. 우리 부부 역시 40일 기도회를 통해 난임을 이겨내고 첫아이를 얻게 되는 축복을 받기도 했으니 말이다. 교회 근처에 살았을 때에는 매년 40일 철야기도회가 기도의 응답을 얻게 되고 신앙이 한 단계 더 성장하는, 기다려지는 시간이었다. 하지만 이사 후 교회와 집의 거리가 1시간 가까이 되다 보니 주일 외에 교회에 가는 것이 부담스러워졌다. 40일 철야기도회는 당연히 우리 부부와 관계없는 일이 되어가고 있었다.

2018년 철야기도회 마지막 날 교회 반주자인 남편 덕분에 철야기도회에 참석할 수 있는 기회가 생겼는데 이 시간이 내 삶의 새로운 시작점이 되었다고 감히 말할 수 있다.

성경에는 요셉이라는 사람이 있다. 요셉은 야곱의 열두 아들 중 열한 번째 아들이었다. 요셉은 아버지 야곱이 사랑하는 라헬에게서 늦은 나이에 낳은 아들이라 아버지의 사랑을 독차지하였다. 야곱은 요셉에게만 채색 옷을 입혔는데 이 당시 채색 옷은 왕자나 공주, 제사장 등이 입는 옷이었다고 한다. 노동을 하는 평민들은 입을 수 없는 옷이지만 야곱은 요셉에게만 채색 옷을 입혔다. 요셉은 당연히 형들처럼 노동을 할 수 없었다. 요셉은 밭에서 곡식 단을 묶었는데 형들이 묶은 곡식단은 쓰러지고 자기 곡식단은 그대로 있었다(형들의 곡식단이 쓰러지며 요셉의 곡식단에 인사를 하게 되는 형상)는 꿈, 해와 달과 11개의 별들이 자신을 향해 절하였다는 꿈 이야기를 형들에게 하였다. 형들은 이렇게 아버지의 사랑을 받는 요셉을 미워하고 시기하여 요셉을 애굽의 노예로 팔아버렸다.

요셉은 애굽의 친위대장(왕의 호위를 맡은 군대의 우두머리)인 보디발의 집에서 노예 생활을 했는데 보디발의 신임을 얻어 가정 총무가 되었다. 하지만 보디발의 아내의 유혹으로 인하여 억울한 누명을 쓰고 감옥에 가게 되었다. 요셉은 그곳에서 술 맡은 관원장(왕의 식탁에 올리는 술을 담당했던 관리를 말한다. 고대에는 술에 독약을 타서 왕을 살해하는 일이 종종 발생했기 때문에 그는 왕의 각별한 신임을 받는 자였다. 왕의 목숨과 직결되는 존재로서 단순한 시종 역할을 넘어 심지어는 국정 깊숙이까지 개입할 정도의 고위층 관리였다. 그렇기 때문에 왕의 환심을 사기도 좋고, 다른 관리들이 누리지 못했던 총애를 받기도 했다)과 떡 굽는 관원장(왕의 식사를 책임지고 담당하던 왕실 조리사로 고위직에 속한 사람이었다)이 한 날 꿈을 꾸었는데 이 꿈을 요셉이 해석해주었다. 요셉의 해석대로 술 맡은 관원장은 전직이 회복되었고, 떡 굽는 관원장은 죽음을 맞게 된다. 그러나 술 맡은 관원장은 감옥에서 나가서 2년 동안 요셉을 잊었다. 그러나

2년 뒤 그가 요셉을 기억하고 어떠한 사건을 통해 요셉은 애굽의 총리가 된다.

요셉은 어떻게 2년 뒤에 총리가 될 수 있었을까? 요셉이 총리가 되는 데는 단 이틀 정도의 시간만 필요했다. 요셉이 총리가 될 수 있었던 이유는 바로 왕이 꿈을 꾸었는데 이 꿈을 해석해줄 사람이 없었기 때문이다. 술 맡은 관원장이 감옥에서 있었던 일을 기억하고 요셉을 찾았다. 바로 왕의 꿈을 해석해 주었던 요셉은 이 일로 왕의 신임을 얻어 총리가 되었던 것이다.

설교하시는 목사님의 말씀을 듣는데 나의 모습이 떠올랐다. 내가 그렇게 주부의 삶을 벗어버리려고 이것저것 시도하였을 때는 모든 것을 쉽게 생각하고 결정하도록 만드셨으며 나의 실패가 그럴 수도 있는 일이라고 생각하게 하셨다.

그냥 주부로 사는 삶이 내 삶의 전부라고 느끼게 하셨다.

'지금에 와서 나를 흔드실 거면 차라리 10년전에 아니 내가 무언가를 시도했을 때 실패하지 않게 하시면 좋았을 텐데 왜 가만히 두셨나.'

이런 생각만 가득했던 내 모습을 요셉을 통해 보게 하셨다.

헛된 시간은 없다

하나님을 원망하고 있을 때 목사님은 이렇게 말씀하셨다.

"하나님의 때와 하나님의 뜻에는 실수가 없으시다."

하나님은 반드시 하나님의 뜻을 이루어가시는데 그 뜻 앞에 무너지는 것은 우리 자신이라는 것이다. 하나님은 요셉이 방치되어 있는 2년 동안 요셉의 시각을 변화시키셨다. 우리가 볼 때 낭비라고 생각하는 그 시간들이 하나님의 입장에서는 시각을 변화시키는 데 꼭 필요한 시간이었다. 감옥에 있는 2년 동안 많은 것이 변했다. 요셉은 어린 시절부터 아버지의 많은 사랑을 받아 어쩌면 자기중심적이었고 이기적이었다. 아버지의 사랑이라기보다는 편애를 받고 자랐다. 그렇다 보니 남을 배려할 줄 몰랐다. 11명의 형들이 요셉이 얼마나 미웠으면 자기 동생을 노예로 팔아버렸을까. 하나님은 요셉에게 그것을 변화시켜주시려고 2년의 시간을 주셨다. 자기중심적이었던 요셉. 모든 것을 자기 뜻대로 계획하였던 요셉이 감옥에 있던 2년 동안 변했다.

'하나님이 하셨고, 하나님이 나를 인도하실 것이고, 하나님이 나를 예비하신 것이고, 하나님이 내 삶을 통해 역사하실 것이다.'

그 시각이 변화되었던 것이다. 내가 헛되다고 생각했던 그 시간이 내 삶에 꼭 필요한 시간이라는 것.

'우리의 삶 가운데 헛된 시간은 단 하루도 없다.'

하나님은 나에게 이것을 알려주시려 했나 보다.

'남편을 통해 나를 오늘 이 자리로 부르셨구나.'

나는 느낄 수 있었다. 하나님은 나의 시각을 변화시키시려고 나에게 아내로 엄마로 살아가는 시간을 주셨고, 그 시간 동안 많은 실패의 경험을 쌓게 해주신 것이었다. 자기중심적인 요셉이 하나님 중심이 되는 시간이 2년 걸렸다면, 전업주부로 사는 것이 내 삶의 전부라고 생각했던 나의 시각을 바꾸시기 위해 하나님은 9년을 사용하셨다. 말씀을 듣는 내내 나의 눈에서 흘러내리는 눈물은 멈추지 않았다.

사실 남편이 교회에 가야 한다고 했을 때 나는 불평했다. 다른 성도들 39일 동안 열심히 기도하고 응답받았을 때 나는 기도하지 않았다. 다들 열심히 살아가고 있는데 나 혼자만 지금까지 내 삶이 모두 헛되다고 생각하며 스스로를 힘들게 하고 있었다. 마지막 하루 참여한다고 뭐가 달라질 수 있을까 싶어서 가고 싶지 않았다. 하지만 하나님은 단 하루, 단 몇 분의 설교를 통해 나의 시각을 바꾸셨다. 우리의 시각이 바뀌는 데는 단 하루, 어쩌면 단지 몇 분이면 충분할 수도 있다.

우리가 잘 알고 있는 '코리안 특급'이라는 별명을 가진 박찬호 선수 역시 흑역사를 가지고 있다. 박찬호 선수는 역대 두 번째 아시아인 메이저리거이며 한국인 최초로 메이저리그 100승을 달성한 한국 야구 역사상 가장 화려한 기록을 가진 선수이다.

박찬호 선수가 미국 LA다저스와 계약을 하고 미국으로 출국하는 날, 몇 명 안 되는 기자와 관계자들만 배웅을 나왔다.

박찬호: "제가 백억을 벌어서 오겠습니다!"

기자들: "백 억? 하하하."

박찬호: "아, 농담한 건데 너무 심하네. 하하."

모두: "하하하하하."

이렇게 미국으로 간 박찬호 선수는 메이저리그에 가서도 소속팀 선수들에게 마늘 냄새가 난다며 따돌림과 무시를 당했다고 한다. 소속 선수와 싸우고도 언어가 안되어 모든 잘못을 뒤집어쓰고 출전 정지를 당했을 때, 모든 것을 정리하고 한국으로 돌아가고 싶었을 때 어머니의 전화 한 통을 받았다고 한다.

"찬호야, 밥은 먹었는겨? 아픈 데는 없는겨?"

어머니의 전화를 받은 후 박찬호 선수는 한국 음식 먹는 것이 미국에서의 낙이었지만 이날 이후 한국 음식은 멀리하고 치즈를 토할 때까지 먹었다고 한다. 그랬더니 소속 선수들이 더 이상 '코리안 마늘'이라고 놀리지 않았다고 한다. 그리고 한국을 떠날 때 100억을 벌어 오겠다던 그는 메이저리그에서 1,000억을 벌어왔다.

형제들에게 버림받고 누명으로 감옥에 갇혀 있던 2년 동안 시각이 바뀌었던 요셉. 메이저리그에 진출하고 소속팀 선수들에게 무시와 조롱을 당했지만 그 시간을 이겨내고 한국인 최초 메이저리그 100승을 달성한 박찬호 선수.

다시는 돌아가고 싶지 않고 기억하고 싶지 않은 그 시간. 나에게는 헛된 시간이라고 생각했던 그 시간이 누구에게나 있다. 하지만 그 시간을 이겨내지 못한다면 그 시간 이후에 맞이하게 될 눈부신 미래를 우리는 볼 수 없다. 지금 당장은 한 치 앞도 보이지 않는 것 같은 이 시간이 나의 시각을 바꾸기 위해 꼭 필요한 시간임을 우리는 기억해야 한다.

나를 위로해준 것들

영화 〈행복을 찾아서〉

윌 스미스와 그의 아들이 출연해서 화제가 되었던, 인터내셔널 홀딩스 크리스 가드너의 실제 이야기. 내 삶이 힘들다고 느껴질 때, 내 안에 감추어 있는 절박함이 무엇인지 알게 해주는 영화이다.

"Don't ever let someboby tell you 'You can't do something'.

You got a dream, you gotta project it."

누구도 너에게 '넌 할 수 없어.'라고 말하게 하지 마!

꿈을 가졌다면 넌 그것을 지켜내야 해.

"People can't do something themselves, they want to tell you, 'You can't do it'. If you want something. go get it period."

사람들은 자신이 하지 못하는 일에 대해서 '너도 못할 거야.'라고 말하고 싶어 해. 원하는 것이 있다면 쟁취해.

커피와 수다 대신 자기계발서를 들어라

진정으로 원하는 마음을 갖고 노력한다면 불가능을 가능으로 바꾸는 것은 어렵지 않다.
그리고 자기 자신이 인정하지 않는 한, 이 세상에 불가능이란 없다.
—『놓치고 싶지 않은 나의 꿈 나의 인생』 중에서

카페는 엄마들의 사랑방

30여 년을 서울에서 살다가 아무 연고도 없는 지역으로 이사를 왔을 때, 아이들과 남편이 유일한 나의 안식처였다. 그러다 아이들을 통해 같은 어린이집에 다니는 아이 친구들의 엄마들을 알게 되었다. 많은 엄마들이 경험하듯 아이 친구 엄마가 나의 친구가 되는 순간이 온 것이다.

처음엔 아이들 하원 시간에만 놀이터에서 만나던 것이 아이들이 어린이집에 있을 때에도 수시로 만나며 아이들이 함께하는 시간만큼 엄마들이 함께하는 시간도 늘어났다. 밥 먹고 차 마시는 것. 차 마시고 밥 먹는 것이 엄마들과의 만남에서 빠지지 않는 순서이다. 함께하는 시간이 늘어날수록 밥은 먹지 않아도 커피타임은 함께하는 날이 많아졌다.

우리가 만났던 카페는 초등학교 앞에 있는 작은 동네 카페였는데 이곳은 항상 아이를 학교에 데려다주고 나서 커피타임을 즐기려는 엄마들로 가득했다. 조금만 시간이 늦으면 카페에는 앉을 자리조차 없는 경우가 많았다. 커피를 마시지 못하는 나는 카페에 가는 것이 익숙하지 않았다. 어차피 나는 커피와 차를 즐기지 않으니 의식적으로 내가 카페를 찾아가는 일이 많지 않아서였다. 그러나 많은 사람들이 커피를 즐기는 요즘은 카페가 도서관이고 일터가 되었다.

커피를 즐기든 즐기지 않든 카페에서 여유시간을 보내는 사람들이 많이 있는데 여자들의 경우에는 예쁜 카페, 분위기 좋은 카페, 커피가 맛있는 카페는 꼭 들러서 먹고 즐기는 사람들이 많다. 내가 만났던 엄마들 역시 모두 커피를 좋아하고 즐기는 사람들이었다. 커피를 먹지 못하는 사람은 나뿐이었다.

그럼에도 이들과 함께하며 시간을 보낸 것은 나에게도 새로운 환경에 적응할 필요가 있었기 때문이었다. 그런데 여유시간을 함께 보낼 누군가는 필요했고 함께 있으면 어느 정도 즐거움도 느끼고 정보를 얻기도 했지만, 차츰 그 시간이 부담스럽게 느껴졌다. 엄마들이 만나서 하는 이야기들이 사실 몇 가지 되지 않는다. 남편 이야기, 시댁 흉보기, 아이들 교육 문제, 드라마 이야기…. 나는 말하기보다는 들어주는 편에 속하는데 처음 한두 번은 듣는 것이 어렵지 않았다. 하지만 비슷한 이야기가 반복될수록 겉으로는 열심히 들어주고 있다는 듯 맞장구를 치지만 속으로는 다른 생각을 하고 있는 나를 발견했다.

눈에서 멀어지면 마음에서도 멀어진다고 했다. 이 말은 남녀 사이에만 적용 가능한 것은 아니었다. 아이들은 같은 원에 다닐 때에는 매일 마주하던 엄마들이었지만 이제 어린이집을 졸업하고 유치원에 입학하게 되었다. 특히 우리 아이만 거리가 먼 다른 유치원에 가게 되면서 나는 의식적으로 커피타임 장소에 가는 횟수를 줄여갔다. 차라리 그 시간에 집에서 TV를 보는 것이 낫겠다는 생각이 들기 시작했기 때문이다.

물론 엄마들과의 만남이 나쁜 면만 있는 것은 아니다. 내가 도움을 받기도 하고 도움을 주기도 한다. 나의 경우에도 큰아이의 유치원을 선택할 때 많은 도움을 받았다. 나는 첫아이였지만 아이 친구들 중에는 둘째, 셋째인 경우가 있었기 때문에 그들의 육아와 교육 경험이 나에게 긍정적인 영향력을 끼치기도 했다. 또한 나는 당시 살고 있는 지역에 이사간 지 얼마 되지 않아 모든 것이 낯설었다. 그러나 그들의 경우 길게는 10년 이상 거주하고 있었기 때문에 지역의 교육기관에 관한 이야기들이 나에게 큰 도움이 되었다. 사립유치원을 생각하고 있던 나에게 병설과 단설유치원의 장점에 대해 알려준 것도 그들이었다. 하지만 나의 경우에는 그들에게 얻는 정보보다는 만남 자체에 대해 부담을 느껴 만남의 횟수를 줄여가게 되었다.

일주일에 한 번쯤은 나를 위한 시간으로

남편과 심하게 다투고 난 뒤, 집에 있는 것이 너무나 힘들어서 책 한 권 들고 무작정 집 앞 카페에 갔다. 전업주부인 탓에 나를 불러주는 곳도, 마땅히 갈 곳도 없지만 그때 생각나는 곳이 바로 카페였다.

"갈 곳도 없는데 집 앞 카페나 가보자. 여기라도 갈 수 있어서 참 다행이다."

나는 카페 안으로 들어갔다. 크지 않은 동네 카페, 그리고 늦은 저녁. 낮 시간에만 카페에 가보았던 나는 저녁시간의 카페는 무언가 다를 것이라고 생각했다. 나는 카페에 들어서자마자 제일 안쪽에 자리를 잡았다. 그 시간 혼자 카페에 들어온 사람은 나 혼자였기 때문에 가장 작은 테이블이 있는 안쪽으로 자리를 잡았던 것이다. 늦은 저녁시간이었음에도 카페 안은 사람들로 가득 차 있었다. 저녁시간 방문한 카페는 낮과는 다르게 참 낯설었다. 하지만 시간만 달라졌을 뿐 카페 안의 모습은 낮이나 밤이나 별 다른 점이 없었다.

다른 점이라면 엄마들로 가득한 낮 시간과는 다르게 정장을 입은 직장인들, 청년들이 많이 보인다는 것뿐이었다. 모든 테이블은 삼삼오오 둘러앉아 주위를 의식하지 않은 채 즐겁게 웃고 떠들며 시간을 보내고 있는 사람들로 가득했다. 그날 그 시간 책을 펼친 사람은 나 혼자였다. 나만 혼자 외딴 섬에 와 있는 듯한 착각이 들 정도였다.

그날 밤, 나는 말의 중요성에 대한 책을 읽었는데, 사람들의 웃음소리와 대화가 가득한 그곳에서 읽은 그 책이 언제 어느 곳에서 읽었던 책보다 더 집중되었고, 더 많은 내용이 내 머릿속에 각인되었다.

그 후로 가끔 혼자 책 한 권을 들고 카페에 가는 일이 잦아졌다. 갈 때마다 느끼는 것은 향긋한 커피향으로 가득 찬 카페는 독서실보다도 더 큰 집중력을 발휘하게 해준다는 것이다.

많은 사람들이 책을 읽는 이유는 책 속에서 지식과 정보를 얻기 위해서이다. 하지만 내가 책을 읽는 이유는 사고방식을 바꾸기 위해서이다. 인간을 알고 싶다면 인문학을, 사회에 대해서 알고 싶다면 사회과학을, 경제를 알고 싶다면 경제학 책을 읽어야 하는 것처럼 내가 원하는 것을 얻고 싶다면 자기계발서를 읽어야 한다.

나는 자기계발서를 즐겨 읽는다. 아마 대학생 시절부터 빠져들었던 것 같다. 책을 즐겨 읽지 않는 내 손에 들려 있는 책은 대부분 자기계발서나 동기부여, 부자학, 성공학 등에 관련된 책이었다. 비슷비슷해 보이는 어디선가 읽은 적이 있는 것 같은 그 자기계발서가 나에게는 어떤 소설보다 재미있었다. 이 비슷비슷한 내용 덕분에 많은 사람들이 자기계발서를 읽지 않기도 하지만 말이다.

물론, 자기계발서만 읽는다고 부자가 되고 성공하는 것은 아니다. 자기계발서가 성공의 지름길이라면 나는 벌써 부자가 되고 성공을 했어야 한다. 그러나 우리 삶의 모든 문제가 '몰라서'라기보다는 '행동하지 않아서' 생기는 문제들이다. 사실 우리는 많은 것을 알고 있다. 어떻게 하면 살을 뺄 수 있는지, 성적을 올리는 방법은 무엇인지, 운동을 잘하는 방법, 요리를 맛있게 만드는 방법 등 우리는 휴대폰 하나만 있으면 모든 정보를알 수 있다. 살을 빼는 것은 적게 먹고 운동하는 것이 기본. 성적을 올리는 방법은 배운 내용을 잊어버리지 않도록 복습하는 것. 운동을 잘하기 위해서는 바른 자세로 꾸준한 연습하는 것. 맛있는 요리는 요리 방법대로 자주 만들어보는 것임을 우리는 다 알고 있다. 하지만 우리는 알고만 있을 뿐 행동하지 않는다.

자기계발서의 저자들은 우리가 원하는 목표를 얻기 위해 어떻게 그것을 할 건지를 명확히 알려주거나 방향을 잡아준다. 무작정 살을 빼겠다가 아니라 그 '어떻게'에 속하는 것을 알려주는 것이다. 하루에 먹는 음식은 어떻게 구성하고, 일주일에 얼마나 자주 먹는지 알려준다. 나에게 맞는 운동법은 어떠한 것인지 시스템을 만들고 그걸 실행하는 것을 알려주는 것이다. 그 시스템이 제대로 프로그램된 거라면 그대로 행동만 하면 결과는 따라오게 되는 것이기 때문이다.

주위에 엄마들을 보면 하루에 커피 한잔은 꼭 마셔야 한다고 한다. 그런데 그 커피 한잔의 시간이 나 혼자 보내는 것이 아니라는 점이 문제다. 엄마들이 말하는 커피 한잔의 시간은 주변 엄마들과 함께 남편 뒷담화, 시댁에게 서운했던 감정을 이야기하고, 아이의 교육 문제를 상담하며 재밌는 드라마 이야기를 하는 시간이기 때문이다. 아이들이 어린이집, 유치원, 학교에 가 있는 시간. 그 시간을 주변 엄마들과의 수다 시간으로 허비할 것이 아니라 일주일에 한 번쯤은 오롯이 나에게 집중하고 자기계발서와 함께하는 시간으로 보내기를 조언한다.

우리에게는 사랑하는 아이들이 있다. 우리는 그 아이들이 누구보다 더 성공하기를 바란다. 자기계발서에는 어느 한 분야에서 성공한 사람들의 성공 지침을 담아놓았다. 꼭 본인의 성공담이 아니더라도 성공자들의 비법이 책 안에 담겨져 있는 것이다. 그중 한 가지라도 우리 아이들에게 실천하고 행동하게 한다면 우리 아이들 역시 그 성공에 가까이 다가갈 수 있다. 아이들에게 학문만 가르치는 엄마에서 성공한 자들의 성공 지침을 알려주는 엄마가 되길 바란다.

모두 꿈이 있는데 나만 안 될 이유는 없다

중단하는 자는 결코 승리를 얻지 못한다. 반면에 승리자는 결코 중단하는 일이 없다.

–『놓치고 싶지 않은 나의 꿈 나의 인생』 중에서

모든 사람은 꿈이 있다

우리가 이 땅에 태어난 그 순간부터, 아니 어쩌면 태아였던 그 시기부터 우리의 삶은 도전의 연속이었다. 엄마의 자궁 안에서 세상으로 나오기 위해 우리는 첫 도전을 했고 빛을 만났다. 병원에서 아이를 출산했을 때 탯줄을 자르고 의료진이 가장 먼저 했던 행동은 아이를 내 가슴 위에 올려주는 것이었다. 엄마 배 속에서 나와 세상 빛을 본 아이가 엄마 가슴 위에서 가장 먼저 하는 행동이 무엇인 줄 아는가? 바로 엄마의 젖을 찾는 것이다. 누가 알려주지 않아도 아기들은 무의식적으로 엄마의 가슴에서 젖을 찾고 입술을 엄마의 유두에 댄다.

그다음 날부터 엄마와 아기는 모유 수유 연습을 한다. 아기는 한 방울이라도 엄마의 모유를 먹기 위해 힘써 노력하지 않으면 안 된다. 태어난 지 하루밖에 되지 않은 아기는 필사적으로 엄마의 젖을 빤다. 아기의 빠는 힘이 얼마나 강한지 수유가 끝나면 엄마의 유두는 빨개져 있고 수유가 반복될수록 엄마의 유두는 헐어버린다. 아기의 빠는 힘은 강하지만 아직 제대로 무는 방법을 모르기 때문이다. 엄마나 아기 둘 다 참으로 고통스러운 순간이다. 하지만 그 시간을 이겨내지 못하면 모유 수유는 성공할 수 없다.

태어난 그 순간부터 우리 모두는 먹고살기 위해 필사적으로 엄마의 젖을 빨아야만 했다. 목을 가누기 위해, 한 번의 뒤집기를 하기 위해, 내 두 발로 걷기 위해 우리는 수많은 도전을 해왔다. 엄마는 아기의 도전을 지켜보며 응원한다. 갓 태어난 아기들도 살기 위한 도전을 한다. 이 아기들도 살아야 한다는 꿈이 있는 것이다. 우리는 그렇게 꿈꾸고 도전하며 지금껏 살아왔다.

2018년 동계올림픽 개회식. 각국 선수단이 입장하는 그 시간 내 눈으로 보고도 믿을 수 없는 광경이 펼쳐지고 있었다. 통가 국기를 든 기수는 상의를 벗고 입장하고 있었기 때문이다.

동계올림픽이 열리는 2월 9일 오후 8시 기준으로 평창과 인접한 대관령의 기온은 영하 2.9도, 체감온도는 영하 8.7도였다. 이런 추위 속에 TV 속의 저 선수는 상의를 탈의하고 타오 발라(허리를 감싸는 돗자리 형태의 통가 전통 의상)를 입고 있었다.

개회식이 끝났지만 나는 이 선수에 대한 궁금증이 생겼고 어떤 선수인지 알아보고 싶었다. 그의 이름은 '피타 니콜라스 타우파토푸아', 평창올림픽에는 크로스컨트리 선수로 출전했다. 그런데 이 선수는 올림픽이 처음이 아니었다. 2016 리우데자네이루 올림픽에서는 통가 최초로 태권도 국가대표로 올림픽에 출전했던 것이다. 5살부터 태권도를 했던 타우파토푸아.

그는 태권도 선수 시절에 대해 이렇게 이야기 했다.

"6개의 뼈가 부러졌고, 3개의 인대가 찢어져 휠체어 생활 3개월, 1년 반의 목발 생활과 수백 시간의 물리 치료를 견뎌냈어요."

하계올림픽이 끝나고 1년 6개월동안 그는 태권도에서 종목을 바꾸고 스키선수가 되어 우리나라에 온 것이다. 더욱 놀라운 한 가지는 이 선수는 태평양의 섬나라 통가 국민이라는 것이다. 통가는 겨울에도 10도 이하로 떨어지지 않는 나라이며, 1년 365일 눈을 구경할 수 없다.

이 선수를 보니 엄마로, 아내로 만족하며 살아왔던 내 자신이 부끄러워지기 시작했다. 그는 태권도 선수에 만족하지 않았고, 자신이 살아온 환경에서는 절대로 이룰 수 없는 스키선수를 꿈꾸었다. 그는 2014년 루지 선수 브루노 바나니에 이어 두 번째로 동계 올림픽에 참가하는 통가인이 되었다.

올림픽에 출전할 비용도 없어 모금 펀드를 통해 평창올림픽에 출전했다는 타우파토푸아의 성적은 태권도 선수로 참가한 2016년 올림픽에서는 첫 경기에 졌고, 크로스컨트리 선수로 출전한 2018 동계올림픽에서는 119명 출전에 114등을 했다. 그는 모든 경기에 우승보다는 완주를 목표로 참가한다고 한다. 누군가에게는 초라하게 보일 수도 있는 성적이지만 그는 계속 도전하고 있다. 그 이유가 무엇일까?

그의 고국 통가는 인구 10만 명의 작은 섬나라이고, 그는 현재 집이 없는 아이들에게 독립을 위한 기술을 가르치는 샌드게이트 하우스에서 일하고 있다고 한다. 타우파토푸아 선수는 고국 통가의 어린이들에게 세상엔 여러 종류의 스포츠가 있다는 것을, 태평양 너머에는 더 큰 세상이 있다는 것을 알려주고 싶다고 한다. 그는 현재에 안주하지 않고 새로운 것에 계속 도전하며 2020년 도쿄 올림픽에서는 수영선수로 출전하겠다는 또 다른 목표를 세웠다.

요즘 방송가에는 긴 머리에 남다른 패션 감각을 가진 어르신이 자주 보인다. 그는 현재 나이 64세로 2018년 모델로 데뷔한 김칠두 씨다. 그는 30년 동안 순댓국집을 운영했었다. 청년 시절 모델의 꿈을 꾸었지만 이루지 못했고, 식당을 정리한 후 환갑이 넘은 나이에 모델에 도전했다. 현재 10개 이상의 브랜드의 룩북(모델 · 포토그래퍼 · 스타일리스트 등이 합작해 만든 브랜드의 사진집. 대중에게 제품의 스타일링과 패션 경향을 보여주며 디자이너와 브랜드가 제품에 담은 의미와 철학을 전달하는 매개체)을 찍었다.

그에게 러브콜을 보내는 브랜드는 정장이나 중장년층 기업이 아니다. 1020세대를 타깃으로 하는 스트리트 · 워크웨어 브랜드에서 60대인 그를 모델로 쓰고 있다. 2018년에는 국내 최대 패션쇼인 '헤라 서울패션위크'에서 '키미제이(Kimmy j)' 브랜드의 오프닝을 장식하기도 했다. 국내 패션쇼에서 시니어 모델이 메인 무대에 오른 것은 처음이라는 기록도 세웠다. '나이는 숫자에 불과하다'는 것을 스스로 증명하며 밀라노, 벨기에 등 해외에서도 러브콜을 받는 모델이 되었다.

엄마도 꿈꿀 수 있다

상식을 뛰어넘는 도전을 하는 사람들이 많이 있다. 우리는 아이들을 키우면서 꿈을 가지라고 이야기한다. 뭐든지 할 수 있고, 뭐든지 될 수 있다고 말이다. 하지만 엄마들은 어떤가? 'ㅇㅇ엄마'로 불리는 그 순간부터 자신의 꿈은 잊혀져가고 아이의 꿈이 엄마의 꿈이 되어버리는 삶을 살고 있는 것이다. 하지만 모든 엄마가 아이들을 위해 희생하는 것은 아니다. 아이들을 키우면서도 엄마의 꿈을 찾아가는 이들이 있다.

A는 유치원에 다니는 딸아이를 키우며 어린이집 선생님으로 일하고 있다. 이런 그녀의 꿈은 유치원 임용고사에 합격하는 것, 대학에서 강의를 하는 것이다. 전공과는 다른 직업을 갖게 되었던 그녀는 대학에서 강의를 하겠다는 큰 꿈을 위해 아이를 키우면서도 다시 대학생이 되어 유아교육을 전공했다. 졸업 후 지금은 어린이집 교사로 일하며 자신의 꿈을 위해 노력하고 있다.

B는 두 딸을 키우는 워킹맘이었다. 해외 출장도 자주 가고 회사에서도 인정받는 유능한 직장인이었다. 그러나 큰아이가 초등학교에 입학하자 육아 휴직을 했다. 전업주부로 아이들과 행복한 시간을 보냈지만 진로에 대한 고민, 공부를 계속하고 싶다는 생각 때문에 다시 학교로 돌아갔다. 한 대학의 석박사통합과정에 합격한 것이다. 과정을 마친 후에는 유니버설디자인에 관한 논문을 쓰고 소재연구소나 대학 강단에 서는 것이 그녀의 꿈이다.

C는 두 딸을 키우는 엄마이면서 배우이기도 하다. 그녀는 아이들을 키우면서도 뮤지컬과 연극 등 꾸준한 작품 활동을 해왔다. C는 배우로 연기하는 것에 그치지 않고 연출자로 본인의 작품을 만드는 것이 꿈이다. 현재 연기학원 원장으로 아이들을 지도하고 있으며, 첫 각색 작품에 배우로

연극제에 참여하고 있다. 2018년 8월 그녀는 연출자로서 첫 작품을 무대에 올리게 되었다.

이렇게 누군가는 지금도 자신의 꿈을 위해 노력하고 있다.

'난 이렇게 거창한 꿈이 없는데….'

그렇다면 이들은 어떤가.

D는 초등학교에 다니는 두 딸을 키우고 있다. 그녀는 결혼 전 어린이집 교사로 일했지만 결혼하면서 일을 그만두고 전업주부의 삶을 살고 있었다. 그런 그녀는 봉사를 할 때 행복함을 느꼈다. 그리고 더 많은 곳에서 봉사하기 위해서 미용사 자격증을 취득하겠다는 목표를 세웠다. 그녀는 마흔이 넘은 나이에 미용사 자격증을 취득했다. 그리고 다양한 곳에서 헤어디자이너로 봉사하고 있다. 지금 그녀는 반영구, 속눈썹 연장술 등 다양한 미용기술도 배우고 있는 중이다.

E는 초등학생 두 딸을 키우고 있다. 그녀의 꿈은 악기를 연주하는 것이었고 그 꿈을 위해 바이올린을 배우고 있었다. 바이올린을 배우면서 생긴 또 하나의 목표는 가족이나 친구들이 모이는 소모임 자리에서 자연스럽게 연주를 하는 것이었다. 그래서 그녀는 클래식기타도 함께 배우고 있다고 했다. 얼마 후 그녀는 가족 모임과 친구들이 모인 자리에서 기타를 연

주할 것이다.

꿈이 꼭 거창할 필요는 없다. 꿈으로 인해 내 인생이 바뀌지 않아도 괜찮다. 외국어 배우기, 운동하기, 한 달에 한 권 책 읽기 등 누구나 계획하는 그것이 꿈이고 목표가 된다. 하지만 이것조차 이루지 못하는 것은 꼭 해내야 한다는 부담감 때문일 것이다.

하루에 영어로 1문장 말해보기, 1분 스트레칭, 하루에 1장 책 읽기 등으로 내가 목표했던 것이 100이라면 그중에 딱 1%만 해보는 것이다. 별것 아닌 것 같아 보여도 행동을 하는 것과 하지 않는 것은 전혀 다르다. 하루에 1장 책을 읽다 보면 어느새 5장, 10장, 어떤 경우에는 1권을 다 읽어버리기도 하는 것이다. 이는 시작도 하지 않으면 결코 이룰 수 없는 결과이다.

천 리 길도 한 걸음부터이다. 지금 당장 작은 목표를 세우고 그 목표를 향해 하루 한 걸음만 내딛어보자. 그 한 걸음, 한 걸음이 모여 결국 결승선에 도착하게 될 것이다.

나를 위로해준 것들

영화 〈아이 필 프리티〉

지금 하루하루가 재미없고 매사에 우울한가? 나에 대해 자신감이 없고 누구가와 비교하고 있는가? 그렇다면 이 영화를 추천한다. 자신감 넘치는 내가 되고 나를 사랑하게 된다.

"What if when someone tells us we are that we aren't good or thin or pretty enough. We have strength and the wisdom to say what i am is better than all of that? What I am is me. I'm me. I'm proud to be me."

누군가 우리에게 마르거나 예쁘지 않다고 할 때, 현명하게 난 더 나은 사람이라고 말할 수 있다면? 나는 나예요. 나로 사는 게 자랑스러워요.

"I think a lot of people are confused about themselves. They like obsess over whatever negative quality. They perceive in themselves and they completely miss. The thing that really makes them awesome. You like know who you are and you don't really care how the world sees you."

자신에 대한 확신이 없는 사람들이 많아요. 부정적인 면에 집착해서 자신의 멋진 점들을 놓쳐버리거든요. 당신은 자신을 잘 알고 세상의 시선을 신경 쓰지 않아요.

"You are beautiful. We don't need to be pretty. Because I am just me! We are what i great thing to be."

당신은 아름다워요. 우린 예뻐질 필요 없어요. 우린 우리 자신이니까요! 우리가 얼마나 멋진 존재예요!

언젠가, 결국, 나의 시간은 온다

인생은 살아가는 속도보다 가고 있는 방향이 더 중요하다.

–『가치 혁명』 중에서

실패를 생각하면 실패할 수밖에 없다

모든 사람은 외모도 성격도 다르다. 그리고 생각도 모두 다르다. 이렇게 다른 우리에게 '똑같이' 주어진 것이 있으니 바로 시간이다. 나이가 많든 적든, 학벌이 좋던 나쁘던, 모든 사람들에게 1분은 60초, 1시간은 60분, 하루는 24시간, 1년은 365일로 동일하다. 하지만 모두에게 주어진 시간이 같다고 그 시간을 사는 사람의 모습도 같지는 않다. 누구에게는 하루가 48시간이라고 생각될 만큼 천천히 지나가고, 누군가에게는 12시간만 있는 것처럼 빠르게 지나가기도 한다. 모두에게 동일하게 주어진 이 시간을 어떻게 사용하느냐에 따라 삶의 모습이 달라지기 때문이다.

내 하루 역시 12시간만 있는 것이 아닐까 싶을 정도로 빠르게 지나갔다. 하지만 빠르게 지나간 것은 시간뿐, 나는 아무것도 이루지 못하고 있다는 생각 때문에 자존감이 점점 무너져가고 있었다. 자존감 없었을 때 매일 아침 눈을 뜬 순간 시작될 하루에 설렘이 없었고 그날 밤 눈을 감으면서 돌아봤을 때 기억에 남는 일이 하나도 없었다.

'내일이면 또 오늘과 같은 의미 없는 하루가 지나가겠지….'

나는 잠도 이루지 못하고 뜬 눈으로 밤을 지새웠다. 많이 가지지 못했다며 불평과 불만을 가지기도 했다.

우리가 살고 있는 전 세계에는 60억 이상의 인구가 살고 있다. 이 세계를 100명이 사는 마을로 축소시킨다면 어떻게 될까? 100명 중 52명은 여자이고, 30명은 아이들이며 70명은 어른들이다. 어른들 가운데 7명은 노인이다. 이 마을의 모든 부는 6명이 59%를 가졌고 74명이 39%, 겨우 2%만을 20명이 나누어 가졌다. 20명은 영양실조이고 1명은 굶어 죽기 직전인데 15명은 비만이다. 75명은 먹을 양식을 비축해놓았고, 비와 이슬을 피할 집이 있지만 나머지 25명은 그렇지 못하다. 17명은 깨끗하고 안전한 물을 마실 수조차 없다. 자가용을 소유한 자는 100명 중 1명이고, 1명만이 대학 교육을 받았으며, 2명이 컴퓨터를 가지고 있다. 그리고 14명은 글도 읽지 못한다.

이렇게 보니 어떤가? 우리는 영양실조도, 굶어죽기 직전의 모습도 아니며, 나와 가족이 편히 쉴 집도 있다. 단 1명만 가지고 있다는 자가용도 가지고 있을 것이고, 1명만 받았다는 대학 교육도 대부분 받았을 것이다. 컴퓨터도 집에 1대쯤은 가지고 있을 것이며, 집 안에 수도만 틀면 차가운 물, 따뜻한 물 가리지 않고 마음대로 사용할 수도 있다. 나는 남들과 똑같은 시간도 가졌고, 100명의 세상 사람 중 가장 부유하고 가장 많이 배운 사람과 같이 많은 것을 가지고 있는 사람이다.

100명의 사람 중 48명은 괴롭힘이나 체포, 고문, 죽음을 두려워하고 있고, 자신의 신념과 양심에 따라 움직이고 말할 수도 없다. 20명은 공습이나 폭격, 지뢰로 인한 살육, 무장단체의 강간이나 납치를 두려워하고 있다. 하지만 우리 중 이러한 두려움을 가진 사람이 있는가? 그런데 나는 왜 행복하지 않을까? 남들은 엄마로도 아내로도 잘 살고 있는데 나는 왜 하나도 제대로 못 하고 무엇이 나를 이렇게 힘들게 하는 것일까?

이렇게 힘들어하고 있을 때 요즘 자주 보는 백종원의 〈골목식당〉 청파동 편에 나왔던 고로케집 사장님이 생각났다. 25살의 어린 나이에 모두가 가는 취업이라는 길 대신 창업의 길을 선택해 사장님이 되었고, 나이에 걸맞지 않게 현금 자산 30억과 건물주라는 명확한 목표가 있어 대단하다고 생각했다. 하지만 이 청년은 방송 내내 핑계와 변명으로 일관하는 실망스러운 모습을 보인다. 연습량 부족을 지적하는 백종원에게 "자전거를 탈 수 없는 갓난아기한테 어떻게 자전거를 타라고 하세요?"라는 핑계를 댔다. 단순히 연습량을 채우지 못한 것에 대한 이야기가 아니라 나의 능력이 이것밖에 안 된다는 것을 합리화하는 변명으로 들렸다.

사람의 뇌는 복잡해 보이지만 단순하다. '지금부터 입 안에 레몬이 있다고 생각해보세요.' 이 말을 듣는 순간 우리의 뇌는 정말 레몬을 먹고있는 듯한 착각에 많은 침을 분비하게 된다. '난 아직 자전거를 탈 수 없는 갓난아기야.' 이렇게 말하는 순간 우리의 뇌는 실제 능력의 한계가 어떻든지 '나는 자전거를 탈 수 없는 갓난아기야.'라고 인식하게 되는 것이다. 나 역시 스스로를 한계에 가두고 있었다. 나는 엄마니까 할 수 없어. 아이들을 돌봐야 하니까 이 일은 불가능해. 시작 해보지도 않고 실패만 생각하고 있었던 것이다.

헛된 시간은 없다

다음 소개할 글은 Reddit이라는 미국의 대형 커뮤니티에 올라왔던 글이다. 가수 에일리가 본인의 인스타그램에 업로드하면서 국내에 알려진 글이기도 하다. 전업주부로 살아가는 내가 남들보다 뒤처져 있다고, 주부로 살아왔던 시간들은 헛된 시간이었다고 나 스스로를 옭아 매고 있을 때 이 글을 읽고 많은 위로를 받았다.

"뉴욕은 캘리포니아보다 3시간 빠릅니다. 그렇다고 캘리포니아가 뒤처진 것은 아닙니다. 어떤 사람은 22살에 졸업을 했습니다. 하지만 좋은 일자리를 얻기 위해 5년을 기다렸습니다. 어떤 사람은 22살에 CEO가 되었습니다. 그리고 50세에 사망했습니다. 반면 어떤 사람은 50살에 CEO가 되었습니다. 그리고 90세까지 살았습니다. 어떤 사람은 아직도 미혼입니다. 반면 어떤 사람은 결혼을 했습니다. 오바마는 55세에 은퇴했습니다. 그리고 트럼프는 70세에 시작했습니다.

세상의 모든 사람은 자신의 시간대에서 일합니다. 당신 주위에 있는 사람들이 당신을 앞서가는 것처럼 느낄 수 있습니다. 어떤 사람은 당신보다 뒤처진 것 같기도 합니다. 하지만 모두 자기 자신의 경주를, 자기 자신의 시간에 맞춰서 하고 있는 것뿐입니다. 그런 사람들을 부러워하지 말고, 놀라지도 맙시다. 그들은 자신의 시간대에 있을 뿐이고, 당신도 당신의 시간대에 있는 것뿐입니다. 그러니까 긴장을 푸세요. 당신은 뒤처지지 않았습니다. 이르지도 않습니다. 당신은 당신의 시간대에 아주 잘 맞춰서 가고 있습니다."

우리는 각자 자신만의 시간대에 살아가고 있다. 누군가의 시간은 조금 빠르게 흘러 남들보다 조금 앞서가는 것처럼 보인다. 그리고 누군가의 시간은 조금 느리게 흘러 천천히 성장하는 것처럼 보이기도 한다. 하지만 그 누구도 잘못되거나 틀리지 않았다. 그저 살아가는 시간대가 조금 다를 뿐, 나와 다른 시간대에 살고 있는 사람과 비교하며 슬퍼하고 힘들어할 필요가 없다. 나의 자존감, 나의 한계를 결정하는 사람은 다른 누구도 아닌 바로 나 자신이다. 전업주부들은 집에 있다는 이유로 워킹맘보다 뒤처져 있다고 생각하면서 낙심하고 좌절하기도 한다. 내가 그랬던 것처럼 말이다. 하지만 우리가 엄마로, 아내로 살아왔던 그 시간은 절대 틀리지 않았다. 우리는 아이가 가장 엄마의 손길이 필요한 그 시간, 내 아이가 가장 사랑스러운 그때를 아이와 함께 보냈다. 절대로 돌아올 수 없는 아이의 그 시간을 나의 시간과 맞바꾼 누구보다 용기 있는 사람들인 것이다.

영화 〈어바웃타임〉에는 시간을 마음대로 되돌릴 수 있는 능력을 가진 주인공이 있다. 처음에는 이 능력을 사랑을 얻는 데 사용했고 그 사랑의 결실로 결혼을 하게 되었다. 하지만 아이가 생기고 나서는 시간을 되돌리지 않기로 결심한다. 시간을 되돌리면서 사랑하는 아이와의 추억도 함께 사라짐을 경험했기 때문이다. 시간을 되돌릴 수 있는 능력이 있어도 우리에게 가장 중요한 것은 내가 살아가고 있는 지금 이 시간인 것이다. 나는 나에게 주어진 내 시간에 잘 맞춰가고 있으며, 결국 나의 시간은 올 것이다. 나의 삶은 이미 시작되었지만 아직 끝나지 않았으니까.

나를 위로해준 것들

뮤지컬 〈지킬 앤 하이드〉 '지금 이 순간'

너무 좋아하는 곡이라 결혼식에 축가로도 부탁했던 곡이다. 미래에 대한 확신이 없을 때 이 곡을 들으면 무엇이든 할 수 있겠다는 힘이 생긴다.

지금 이 순간 지금 여기 간절히 바라고 원했던 이 순간
나만의 꿈이 나만의 소원 이뤄질지 몰라 여기 바로 오늘
참아온 나날 힘겹던 날 다 사라져간다 연기처럼 멀리
지금 이 순간 마법처럼 날 묶어 왔던 사슬을 벗어 던진다
지금 내게 확신만 있을 뿐 남은 건 이제 승리뿐

01 노블레스 오블리주, 가나안덕 이선자 대표 | **02** 사업가로 변신한 에어 비타 이길순 회장 | **03** 잠재력을 발견한 하모니코치, 김미정 강사 | **04** 잘하는 일을 찾다, 빅마마 이혜정 요리연구가 | **05** 용기 있게 도전한 하늘농가 고화순 대표 | **06** 1% 가능성을 본 한화손해보험 김남옥 상무 | **07** 행동파 1인기업가, 줌리빙 박소연 대표

4장

탈출,
전업주부 세상 밖으로 뛰쳐나오다!

노블레스 오블리주, 가나안덕 이선자 대표

인생의 비극이란 목표를 이루지 못한 것이 아니라 아무런 목표도 없이 살아가는 것이다.

– 벤자민 E. 메이스(모어하우스 대학 학장)

전업주부에서 사업가로

우리는 태어날 때부터 전업주부로 살기 위해 태어난 것이 아니며, 죽는 그날까지 전업주부로만 살아가야 한다는 법도 없다. 조금 더 멀리 뛰기 위해서 조금 더 긴 도약 거리가 필요한 것처럼 우리의 삶에서 앞으로 더 나아가기 위해 뒤로 물러선 것뿐이다. 지금은 사회 여러 곳에서 활발히 활동하고 있는 여성들 중에도 전업주부로 살았던 이들이 적지 않다.

지금은 '가나안덕'이라는 오리집을 경영하고 있는 이선자 대표. 그녀도 처음부터 경영자의 길을 걸어갔던 것은 아니다. 그녀도 전업주부였다.

나에게는 맛집 사장님, 대표님이라는 말보다 이모라는 호칭이 더 익숙한 이선자 대표. 선자 이모는 엄마와 어린 시절을 함께 보내신 친구다. 전남 장성 작은 마을이 엄마의 고향이다. 다들 살기가 어려워 학교에 다니는 것이 힘들었던 그 시절. 특히 여자에게는 교육의 기회가 많지 않았던 그 시절에 중학교에서 엄마와 네 명의 이모가 만나게 되었다. 중학교 수학 선생님이 오성회라는 이름으로 다섯 학생들을 친구로 맺어주셨고, 그 모임은 가족들까지 함께하는 모임이 되었다고 한다. 그 이후로 환갑이 넘은 지금까지 엄마와 이모들의 우정은 계속되고 있다.

그 오성회 중 1명이 지금 소개하는 이선자 대표다. 나에게 어렴풋이 기억나는 장면이 하나 있는데 내가 중학생쯤 되었을 때 우리 집에 엄마 친구분이 오셨다. 아마 이때가 이모를 처음 만난 순간이었을 것이다. 이모는 잠깐의 방문이 아니라 며칠동안 우리 집에서 함께 지냈다. 그리고 밤이면 부모님과 함께 대화를 나누시던 장면도 기억이 난다. 무슨 내용이었는지는 기억이 나지 않지만, 즐거운 내용은 아니었음을 부모님과 이모의 표정으로 알 수 있었다.

이선자 대표는 광주에서 공무원의 아내로 안정적이고 평범한 삶을 살던 주부였다. 아마 남편이 사업을 시작하지 않았다면 지금의 가나안덕은 없었을 것이다. 공직 생활을 하던 남편이 사업을 시작했지만 잇따른 실패로 인해 말 그대로 빈털터리 신세가 되었다고 한다. 아마도 이모가 우리 집에 오셨을 때가 이때가 아니었나 싶다.

"광주에서 우리가 다니던 교회 성도 수가 1,000명이 넘었지만 그중에서 내가 가장 가난했다."

장사나 사업은 꿈도 꾸지 않았다. 더군다나 식당이라니? 가진 것도 없고 경험도 없이 오리고깃집을 하겠다고 나서는 남편과는 이혼을 생각할 정도로 심각했지만 세 남매를 두고 이혼할 수는 없었다고 했다.

1997년 여기저기서 300만 원을 빌려 김포의 허허벌판에 비닐하우스를 세우고 오리집을 시작했다. 부모님과 함께 갔던 이모의 가게는 주변에 정말 아무것도 없이 개구리와 풀벌레 소리가 가득한 자연친화적인 곳이었다. 그래도 그때 이모의 가게에서 처음 먹어본 오리고기는 정말 꿀맛이었다. 이곳의 메뉴는 단 한 가지 오리구이뿐이다. 오리에 소금을 뿌려 구워 먹고, 후식으로 오리 죽, 불 밑에서 익어가는 고구마, 이렇게 단출한 메뉴가 지금껏 이어지는 가나안덕의 메뉴인 것이다.

처음 장사를 시작했던 장소는 무허가 비닐하우스라 단속을 받는 일이 잦았다고 한다. 더 이상 김포에서 무허가 영업을 할 수 없었던 부부는 2

년 만인 1998년 지금의 가나안덕 한쪽 개천가에 비닐하우스를 치고 자리를 잡았다. 1998년 일산 풍동 한 자락에 30평 비닐하우스로 시작한 가게가 지금의 가나안덕의 시초가 되었다.

꿈꾸는 대로 이루어진다!

"남편이 개천가 비닐하우스에서 장사를 할 때에도 앞의 허허벌판 공터를 바라보며 '이곳에 이렇게 마당을 꾸미고 가게 터는 이렇게 저렇게 잡겠다.'라고 말하면 처음엔 기지도 못하면서 날 생각을 한다고 핀잔을 줬는데 나도 모르게 그 꿈과 비전에 동화가 되더라고요. 기적처럼 비닐하우스 1채가 2채가 되고, 2채가 3채가 되면서 제법 음식점다운 모양세가 갖춰지기 시작했어요."

부모님은 시간이 날 때마다 우리를 데리고 일산에 가셨다. 이선자 대표의 말처럼 일산에 갈 때마다 이모의 가게는 점점 발전해가고 있었다. 비닐하우스 앞에는 개구리와 풀벌레 소리가 울려 퍼지고, 그 벌판을 정원 삼아 구워먹는 오리고기. 어린 시절의 추억을 생각나게 하는 그 분위기 때문에 참숯 오리구이 단일 메뉴이지만 별다른 가미 없이도 잡냄새 없고 담백한 오리구이의 맛은 입에서 입으로 전해져 날로 손님이 늘어갔다.

장사를 하면서 왜 어려운 일이 없었을까? 한참 경제적으로 어려웠을 당시 두 아들은 사춘기를 맞은 나이였다. 정신적 · 경제적으로도 어려웠던 시기라 마음만큼 아이들을 돌봐주지 못해 아이들은 방황을 했고, 몇 번의 이혼 위기도 있었다고 했다. 하지만 그가 지금까지 마음에 새기고 다짐하는 것은 "어떤 어려움이 있어도 가정은 꼭 지키자."이다. 쉽게 만나고 헤어지는 것이 다반사인 요즘, 어려움이 있어도 인내하라는 말이 고리타분하게 들릴지 모르지만 고비를 넘기면 물 같은 평화가 온다는 말을 꼭 해주고 싶다고 한다.

"결혼 생활을 하면서 때때로 '이혼해? 말아?' 하면서 살지만 내가 생각해보니 이혼을 하겠다는 마음이 50이라면 이혼 후에는 그보다 더 큰 100, 150의 문제가 생기겠더라고요. 특히 아이들에게…."

몇 번의 이혼 위기를 넘긴 그가 남편을 머리로 세우고 자신은 최선을 다해 보좌하니 가정이 평화롭고 행복하다고 한다. 힘들었던 시기를 버틸 수 있었던 것은 신앙의 힘이었다고 한다. 고등학교 2학년 때부터 교회를 다니기 시작해 신앙은 곧 생활이고 기도는 어려움을 극복할 수 있게 해준 힘이었다고 말한다. 엄마는 이모의 성공이 이모의 신앙심 때문일 것이라고 하셨다. 김포에 무허가 가게를 시작했을 때부터, 아니 가정경제가 다 무너졌을 그 시기에도 이모는 십일조(우리에게 주어진 모든 것이 원래 하나님께 속한 것인데 우리가 그것을 하나님의 뜻에 합당하게 사용하겠다고 다짐하는 것이다. 보통 수입의 10분의 1을 하나님께 드린다.)를 빠뜨리지 않았다고 했다. 수입의 10분의1만 드리는 것이 보통의 십일조이지만 이모는 수입을 따지지 않고 매일 수입을 손에 잡히는 데로 빼놓고 헌금을 드렸다고 했다. 엄마는 그에 대한 축복으로 가게의 규모가 커지면서 수입도 늘어나게 되었을 것이라고 말씀하셨다. 당시 이모는 영업이 끝나고 집으로 돌아와 수입을 세다 잠드는 일도 많아졌다고 엄마에게 이야기하셨다고 한다.

그녀의 신앙심 덕분인지 30평 비닐하우스로 시작했던 가게가 지금은 일산 본점만 1,200평에 800석이 넘은 규모이며, 11개의 분점을 가진 오리구이 전문점으로 성장했다. 그 외에도 미덕원, 가나안 굼터, 모퉁이 등의 가족 브랜드를 가지고 있다. 내가 아르바이트를 했던 카페가 바로 가나안덕 내에 있는 카페다.

가나안덕의 경영 철학은 '초심을 잃지 않는 것'이었다. 아무리 규모가 커져도 좁은 비닐하우스에서 정성으로 오리를 굽고 손님을 대하던 그 초심으로 지금까지 이어온 신념과 고집이 성공 비결이다. 직원들이 주인의식을 갖도록 식구처럼 대하던 그의 마음 씀씀이도 빼놓을 수 없다.

"비닐하우스에서 장사를 할 때 조선족 등 직원들에게 제가 엄마였어요.

타국에 나와 있으니 챙겨줄 사람도 없어 자연히 그들의 엄마 노릇도 하게 되더라고요."

그녀의 사업이 탄탄대로만 걸었던 것은 아니다. 사업이 최대 위기를 겪은 때는 AI가 유행했던 시기였다. 매출이 10분의1로 줄었지만 그녀는 직원들을 1명도 해고하지 않았다. 오히려 가게 문을 닫고 직원들과 함께 해외여행을 다녀왔다고 했다.

"남편이 타고난 사업가고 나는 기도밖에 할 줄 모른다."

그러나 사람관리를 잘하는 그녀야말로 타고난 사업가가 아닐까?

장사 초기에는 직원을 쓸 처지도 못 되어서 아이들과 부부가 함께 가게를 운영하느라 고생이 많았지만 지금은 장성한 아들 둘이 사업장을 맡아 가나안덕 2세대를 열어가고 있다고 한다.

사업을 크게 일궈낸 그녀의 꿈은 받은 만큼 나누는 복지사업이다. "가나안덕은 가족과 직원들이 함께 일궈낸 곳이고 무엇보다 하나님이 도와주신 덕이 커요. 사업이 이만큼 자리 잡게 된 것은 분명 제게 할 일이 있다는 뜻이겠죠. 이젠 받은 만큼 나누고 베풀어야죠." 그녀는 말한다. 그녀는 자신의 꿈을 위해 대학에서 사회복지학을 공부했고, 매년 노인들을 초대해 오리고기를 대접하고 군부대 장병들을 초대하는 등 크고 작은 선행을 베풀고 있다. 거창하게 떠벌리지 않는 진정한 노블리스 오블리주. 욕심내지 않고 나눌 줄 아는 그녀는 속이 더 아름다운 사람이다.

사업가로 변신한 에어 비타 이길순 회장

만족스러운 삶을 만드는 유일한 방법은 당신이 생각하기에 훌륭한 일을 하면 되는 것이다.
그리고 그 훌륭한 일을 하는 유일한 방법은 당신이 하는 일을 진정으로 사랑하는 것이다.
—『one』 중에서

전업주부에서 사업가로

2005년 4월 스위스 제네바 국제발명전시회 금상 및 특별상 수상, 2008년 5월 제 43회 발명의 날 대통령상 수상, 2009년 10월 여성기업인상, 11월 장영실 산업기술대상, 같은 달 독일 구텐베르그크 발명전 은상 수상, 2010년 12월 제품안전경영대상, 2011년 6월 AT&D 대한민국 국가브랜드 선정.

이 것은 우리나라의 한 중소기업에서 받은 상이다. 현재 국내는 물론 미국, 중국, 일본, 캐나다, 중동 등 26개국에 공기청정기를 수출하는 ㈜에어 비타 이길순 대표가 그 주인공이다.

에어 비타는 공기의 'air'와 비타민의 'vita'를 합쳐 만들어졌다. 공기의 비타민을 만들겠다는 의미를 담고 있는 공기청정기 전문기업으로, 특히 소형 공기청정기를 주력사업으로 하고 있다.

이길순 대표의 이야기를 소개한다. 이길순 대표는 대학을 졸업한 후 결혼을 하면서 전업주부의 삶을 살고 있었다. 그녀의 사회생활 경험은 아르바이트가 전부였다, 그런 그녀가 어떻게 공기청정기를 만들고 20년 가까이 회사를 운영할 수 있었을까?

"1990년대 초반 같은 빌라 건물 반지하에 살고 있는 이웃의 돌도 안 된 아기가 3개월 내내 감기를 달고 사는 것을 보고 애잔한 마음이 들었다. 곰팡이가 잔뜩 끼고 환기도 안 되는 방에서 지내면 건강이 더욱 나빠질 것 같아 공기청정기를 사주고 싶었다. 하지만 당시 공기청정기는 400만 원 정도로 비싼 가격이었다. 대기업 직장인의 평균 월급이 50만 원이었으니 서민은 꿈도 꾸지 못할 고가의 제품이었던 셈이다. 일본에 살고 있는 언니 집에 갔다가 각 방마다 놓여 있는 공기청정기를 보면서 이런 생각이 들었다. 비싸지 않으면서도 작고 가벼운 공기청정기가 있다면 우리 아이들이 건강하게 자랄 수 있겠구나…."

1990년대 후반 우리나라에도 공기청정기는 있었지만 가격도 만만치 않았고, 커다란 크기 때문에 웬만한 집에서는 엄두도 내지 못했었다. 그 당시 일본에서는 코끼리 밥솥이 유행이었는데, '공기청정기를 잘 만들고 일본으로 역수출까지 한다면 분명 성공할 거야.' 그녀는 확신이 들었다고 했다. 그때 그녀의 나이 30대였다. 그녀는 가족들에게 사업 이야기를 꺼냈지만 아무도 동요하지 않았다고 했다. 그녀가 실제로 사업을 할 것이라고 생각하지 않았기 때문이었다.

"가끔 그 당시 이야기를 하는데 남편이나 아이들이 제가 이렇게까지 열심히 할 줄 몰랐다고 해요. 사실은 그때 무관심에 대한 오기도 생기고, 아이들에게 포기하지 않는 엄마의 모습을 보여주고 싶었어요."

아무리 가능성을 봤더라도 이를 실천하는 것, 더군다나 사업을 시작하는 것은 다른 영역의 일이다. 특히 사회생활의 경험도 없는 전업주부에게는 더욱 어려운 일이었을 것이다.

초소형 공기청정기를 만들겠다는 일념으로 디자인을 만들었지만 그녀에게 공기청정기 기술에 대한 사전지식이 없었다. 하지만 그녀는 포기하지 않았고 일본의 관련 기업에서 일을 하다가 개인 사정으로 한국에 돌아온 연구원을 알게 되었다. 그녀는 연구원과 함께 소형 공기청정기 개발에 들어갔고, 2년 만에 제품을 완성할 수 있었다. 가로 17cm, 세로 4.8cm,

높이 9cm, 무게 125g. 전자 모기향처럼 콘센트에 꽂아놓으면 초당 200만 개의 음이온을 발생시켜 실내 공기를 정화한다. 전구만 한 크기로 일반 공기청정기보다 훨씬 작고 가격도 10만 원 이하로 저렴하다. 또 필터를 교환할 필요가 없고 전기 소모가 적어 한 달 전기료가 58원에 불과하다. 이것이 그녀의 첫 작품인 세계에서 가장 가벼운 공기청정기 T3다. 그녀의 꿈이 이루어진 순간이었다. 그것도 순수 국내 기술로 말이다.

"그 기쁨은 말로 표현할 수 없을 정도였어요. 마치 자식을 하나 더 얻은 기분이랄까요? 제겐 또 하나의 자식이고 우리 집 막내예요."

자식이 잘되기를 바라는 것은 모든 엄마의 소망이다. 막내가 더 많은 사람들에게 인정받고 사랑받을 수 있도록 엄마의 마음에서 시험테스트를, 주부의 입장에서 더 꼼꼼하게 따져가며 최고의 제품을 만들기 위해 노력했다고 한다.

나는 할 수 있다

사람의 일이라는 게 마음먹은 대로 풀리는 것이 아니다. 그녀 역시 많은 곳에서 퇴짜의 연속이었다고 한다. 이유는 단 하나였다. 당시만 해도 공기청정기는 거실에 놓고 쓰는 실용적인 면보다는 크기가 커야 한다는 인식이 강했기 때문이었다. ‘포기해야 하나?’ 하는 극단적인 생각이 들었을 때 그녀는 벽에 걸린 세계지도를 보며 꿈을 키웠다고 한다.

“분명, 세계 어딘가에 우리 제품을 필요로 하는 고객이 있다. 내가 먼저 찾아가겠다.”

그녀를 힘들게 했던 것은 또 한 가지는 ‘술’이었다. 제조업의 특성상 남자들과의 업무가 많은데 그녀는 술을 한잔도 하지 못했다. 술을 잘 먹기 위해 한약도 먹어보았지만 술 문제는 해결되지 않았다. 중국 출장 시 술을 마시면 주문 1만 개, 아니면 거래를 하지 않겠다는 거래처 사장도 있었다고 한다. 그녀는 술을 못하지만 술자리를 버텨냈고 결국 1만 개의 주문을 받아냈다. 어느 한 분야에서 성공한 사람들의 이야기의 공통점은 실패에 굴복하지 않고 그것을 이겨내 더 큰 성공을 이루었다는 것이다.

이길순 회장은 화장실에도, 컴퓨터에도, 침대 위 천장에도 용기를 줄 수 있는 문구를 붙여놓았다고 한다.

“나는 할 수 있다.”

에어 비타를 세계적인 회사로 만들겠다고 계속해서 다짐하고 용기를 불어넣었다고 한다. 지극히 내성적인 사람이었지만 제품과 기업에 대한 사랑이 있기에 성격조차 바뀌게 되었다는 것이다.

"할 수 있다고 하루에 100번 외쳐보라. 그것이 몇 년이면 반드시 성공할 수 있다."

이것이 바로 이길순 회장의 지론이다.

그녀는 국내 시장에서 살아남기 힘든 중소기업이라면 해외 시장에서 기회를 찾아야 한다고 한다. 에어 비타의 첫 해외시장 도전은 일본과 독일이었다. 이 나라들은 제조업부문 세계 1위를 다투는 까다롭기로 소문난 곳이다. 주변에서는 "국내에서도 아무런 소득 없이 해외 진출을 하는 것이 말이 안 된다."라고 했다. 더군다나 일본과 독일에 진출하겠다니 "미쳤다."라는 말도 들었다. 하지만 그녀는 제품에 대한 자신감이 있었다. 결국 일본 홈쇼핑에 진출하게 되었고 세계적인 자동차 회사인 도요타에 차량용 공기청정기를 납품하는 데 성공했다.

독일에 진출했을 때에는 물건을 선적할 시기에 공장에서 화재가 발생했다. 다행인 것은 제품 전체가 타지 않았고 그을음만 묻은 정도였다는 것이다. 그래서 그녀는 제품을 하나씩 꺼내 일일이 손으로 닦았다. 장갑을 꼈음에도 손의 피부가 벗겨지고 피가 날 정도였다. 피부가 몇 번을 벗겨진 탓에 지문도 흐려졌고 지금도 뜨거운 것을 잘 만지지 못한다고 한다. 이런 시련이 있었기 때문일까? 에어 비타가 진출한 독일 QVC는 독일을 중심으로 유럽 전역으로 방송되는 홈쇼핑 채널이다. 이 회사의 연간 매출액은 1조 원으로 유럽 홈쇼핑 시장의 60%를 점유하고 있다. 에어 비타는 첫 거래부터 연일 히트를 치며 매진을 기록했고 독일 QVC는 에어 비타 공기청정기를 '2008년 주력 상품'으로 선정했다.

그녀는 여기서 멈추지 않았고 미국 시장 진출이라는 또 하나의 꿈을 키웠다. 하지만 이때 또 한 번의 시련이 찾아왔다. 평소 알고 지내던 지인이 미국 진출을 도와주겠다며 돈을 받고는 사라져버린 것이다. 그녀는 이 일을 계기로 더욱더 자신을 담금질 하게 되었다고 한다.

힘든 시련을 이겨내고 그녀는 결국 미국 진출에 성공했다. 2012년 한미 FTA 발효를 계기로 중소기업청에서 미국 B2C(Business-to-Customer의 약자로 기업 대 고객의 형식이다. 소비자에게 직접 상품을 판매하고 서비스하는 상업 소매 패턴이다.) 시장 진출을 돕기 위해 시장개척단을 모집했는데 ㈜에어 비타가 그 일원으로 미국을 방문하게 되었다. 미국 홈쇼핑뿐만 아니라 월마트와 CVS 등 대형마트의 입점도 추진되어 주목을 받았다. 최근에도 미세먼지를 대비하여 다양한 신기술을 접목한 제품들을 만들고 있다.

그녀는 ㈜에어 비타가 지금까지 올 수 있었던 가장 큰 원동력은 '사랑'

이라고 말한다. 회사가 어려울 때 직원들이 전부 떠났지만 끝까지 남아준 직원들이 있었기에 그들을 가족이라 생각할 수밖에 없다고 한다. 남자 직원은 아들처럼, 여자 직원을 딸처럼 여긴다. 아이들이 건강했으면 하는 마음으로 시작된 에어 비타. 가족을 사랑하는 엄마의 마음이 고스란히 배어 있는 에어 비타 공기청정기는 '공기 비타민'이라는 이름처럼 앞으로도 우리 아이들의 건강을 지키는 든든한 영양제가 되길 바란다고 한다.

여성 CEO로서 그녀가 걸어온 길은 결코 평범하지 않았다. 많은 시련을 겪었지만 포기하지 않았고 결국 지금의 에어 비타를 만들어냈다. 이길순 대표는 계획을 실천에 옮겼고 상상했던 모든 것을 실현시켰다. 미세먼지로 마스크와 공기청정기가 필수품이 되어버린 요즘, 에어 비타와 이길순 대표의 앞으로가 더 기대된다.

나를 위로해준 것들

동요 '넌 할 수 있어라고 말해주세요'

유치원에 다니는 둘째 아이가 자주 부르는 곡이다.

아이들이 "난 못 해!"라고 할 때마다 "괜찮아, 할 수 있어."라고 힘을 준다. 이 말은 나도 누군가에게 듣고 싶은 말이었다.

"넌 할 수 있어."라고 말해주세요
그럼 우리는 무엇이든 할 수 있지요
짜증나고 힘든 일도 신나게 할 수 있는
꿈이 크고 마음이 자라는 따뜻한 말
넌 할 수 있어
큰 꿈이 열리는 나무가 될래요
더없이 소중한 꿈을 이룰 거예요

잠재력을 발견한 하모니코치, 김미정 강사

삶에서 일어나는 모든 방황과 고민은 자기 자신을 모를 때 일어나는 법. 경험도, 그 무엇 하나 이룬 것이 없는 당신이라도 모든 변화는 '나'로부터 시작한다는 것을 잊지 말라.

–『파이브』 중에서

나를 필요로 하는 곳이 분명히 있다

한국코치협회 인증코치(KPC), 국제인증코치(ACC)와 자격을 획득, 이화여대 최고명강사과정을 거치며 공무원, 기업, 대학, 지자체 등에서 감성커뮤니케이션, 코칭 리더십. 소통과 치유, 변화와 동기부여 등의 활발한 강의를 하는 중. 2013년(사)한국강사협회 선정 대한민국 명강사, 2017 한국HRD 협회 명강사 대상 선정, 일본과 스웨덴 스톡홀름에서도 강의를 펼쳤으며 '액디브시니어'의 롤 모델로도 선정되었다. 그녀는 바로 나이

50살까지 전업주부의 삶을 살다 두 아들을 대학에 보낸 후 51살의 나이에 음악치료사의 길에 들어선 김미정 하모니 코치다. 그녀는 음악치료사로 인생 2막을 열었다. 뒤늦은 나이에 그녀를 음악치료사, 하모니 코치의 길로 이끈 것은 '변화와 기여에 대한 욕구'이다.

"나의 가족만이 아니라 경계를 넘어서는 나를 상상했다. 나를 필요로 하는 곳이 있을 것이라고 무조건 믿었다."

그녀는 초등학교 시절부터 마루에 있던 피아노를 치며 노래를 했고, 중학교 1학년 땐 기타를 사달라고 엄마를 졸랐다. 세시봉 가수들이 기타 치는 모습에 반했기 때문이다.

"시험 잘 보면 사줄게."

열심히 공부한 덕에 기타가 생겼다. 혼자서 코드를 익혔다. 절대음감이라 느낌으로 코드를 잡았다. 독학을 했지만 조옮김도 자유자재로 했다. 그는 지금 기타 실력이 거의 그때 실력이라고 말했다. 음악을 전공할 생각은 못했다. 조신한 현모양처로 살고 싶었다. 하지만 그녀에게 음악은 뗄 수 없는 친구였다. 그녀는 이렇게 말한다.

“음악으로 소통하는 데는 말이 필요 없다.”

“음악은 같이 있으면 행복하고, 아플 때 위로해 주는 최고의 친구.”

결혼 후 서울 강변역 쪽에 살 땐 동네 주부들의 요청으로 노래교실을 열었다. 주부노래교실의 선구자 격이었는지도 모른다. ‘김미정의 강변카페’로 불렸다. 그 동네를 떠나기 전 출전한 주민가요대회에선 최성수의 ‘해후’를 불렀다. 대상은 놓쳤지만 1등을 했다.

대한음악치료학회 공인 1급 치료사 자격으로 2007년부터 음악치료 임상과 음악치료 강의를 시작해서 장애인, 환자는 물론 마음속에 담아두고 살아왔던 어르신들, 다문화 가족과 일반 청중에게까지 놀라운 반향을 얻었다. 그녀는 강의 프로그램 속에서 즉흥으로 노래를 만들어서 함께 부르거나 익숙한 리듬에 가사를 만들어서 독특한 치유 경험을 맛보게 한다.

8살 아이는 말이 없었다. 무표정한 얼굴로 어딘가 한 곳을 뚫어지게 바라봤다. 그러면서도 한 번도 그와 눈을 마주치지 않았다. 자폐아였다. 그러나 아이는 그가 피아노를 치면 리듬에 맞춰 원을 그리며 돌았다. 천천히 치면 천천히, 빨리 치면 빨리. 음악에 반응하는 것이다. 그는 아이와 소리로 소통했다. 형광등을 바라보며 걷던 아이가 피아노를 치는 그의 무릎 위에 앉았다. 그의 손을 만지더니 아이가 건반을 두드리기 시작했다.

“아이, 잘하네. 잘했으니 안아줘야지.”

아이는 한참을 안겨 있었다. 그에게 안기는 것을 좋아하는 듯했다. 음악 치료 수업을 마치면 엄마와 함께 밖에서 기다리던 네 살배기 동생이 뛰어들어온다. 그의 품 안에 자석처럼 들러붙은 채 동생이 말했다.

"선생님, 사랑해요. 내가 왜 선생님을 사랑하는 줄 알아요? 선생님이 우리 형을 사랑하니까요."

이렇게 그녀는 음악치료사로 행복을 느꼈다. 하지만 그녀에게도 아픔이 있었다.

"음악 전공자가 아니시네요? 석 · 박사 학위도 없고…. 보기보다 나이도 많으시네요."

병원 음악치료사 면접에서 있었던 일이다. 교수의 추천을 받고 간 병원이었다. 원장이 자리를 비운 사이 그는 다른 문을 통해 빠져나왔다.

"아직은 역량이 부족한 듯하다."

그녀는 간호사에게 이렇게 전해달라고 말했다. 집까지 2시간 동안 하염없이 걸었다. 눈물이 뺨으로 흘렀다.

'너까짓 게 뭘 한다고. 음악 치료는 무슨, 치매 노인 봉사나 하고 살아.'

언젠가는 음악치료사 과정을 개설한다고 요청이 들어와 며칠 동안 심혈을 기울여 만들어 보냈는데 취소되었다. 그녀는 전공자가 아니라는 이유로 음악치료사 일을 하는 데 많은 어려움을 겪었다고 했다.

"신문지가 구겨지는 듯 초라함의 극치를 느꼈다."

하지만 그녀는 포기하지 않았다.

나도 모르는 나의 잠재력

음악 치료 초짜 강사 시절엔 음악을 전공하지 않았기에 오히려자유로운 면도 있었다고 긍정적으로 말한다. 설사 잘하지 못해도 전공자인데도 못한다 소리를 들을 일이 없었다. 음악을 전공한 음악치료사들에게 다양한 임상 경험을 바탕으로 강의했을 땐 이들에게서 "전공자로서 오히려 부끄럽다."라는 소리를 들으면서 자신감을 얻기 시작했다.

그는 음악 치료가 환자뿐만 아니라 일반인에게도 필요하다고 느꼈다. 그래서 '뮤직 코칭'이라는 이름으로 음악과 접목한 강의를 시도했다. 음악에 붙은 치료라는 말을 불편하게 생각하는 사람들을 의식해서였다. 그녀는 라이프 코칭을 하면서 강의를 병행한다. 감성 리더십이 주요 강의 콘텐츠다. 음악이 접목된 그녀의 탁월한 강의는 항상 기타나 우쿨렐레가 함께 하며 음악뿐 아니라 아름다운 그림과 사진을 많이 활용하여 세대를 넘어 소통이 가능케 하고 심리적 안정은 물론 자신의 재능을 발견하고 비상할 수 있는 자기개발의 역할도 톡톡히 해낸다.

음악치료학회, 사회교육원, 평생교육원에서 강의해왔으며 가정행복학교의 패밀리코치, 국제웰빙전문가협회 객원 교수, 가족코칭 전문가로서 유수의 단체에서 강의와 러브콜이 끊이지 않는 그녀의 강의는 가정의 행복을 지키는 파수꾼으로 이미 정평이 나 있다. 회사 생활을 하루도 하지 않았지만 그는 기업에서 일하는 사람들에게 강의와 코칭을 한다.

"스펙이 없는 주부 출신의 늦깎이 여성 강사로서 처음엔 많이 위축되어 쭈뼛거렸습니다. 그런 나에게 나도 모르는 잠재력이 있었습니다."

어디에 가나 그는 긍정의 아이콘으로 통했다. 그는 자신의 강의가 누군가에게 동기를 부여해 그 사람의 행동이 달라질 때 가장 큰 보람을 느낀다고 말했다. 그의 아바타가 되고 싶다던 한 은퇴 공무원은 그에게 3시간씩 개인 수업을 받아 경로당 음악 강사가 되기도 했다. 이런 그녀는 2017년 나이 60살을 맞아 『늦게 핀 미로에서』라는 책을 출간했다. 지난 흔적들을 돌아보고 자기 안의 울림에 귀 기울이고 싶었기 때문이다.

그녀는 음악 치료를 통해 끼를 발견했고, 코칭을 통해서는 잠재력을 발견했으며, 아픔을 통해 단단해졌다고 한다. 강사로서 보람을 느끼고 충전과 성장도 하는 지금이 자신의 인생에서 가장 좋은 시절이라고 말했다.

"행복하고, 욕심도 없어요. 말하자면 인생의 전성기라고 할 수 있죠."

그러나 그녀의 가장 좋았던 순간은 외아들인 남편을 만나 건강하게 첫 아들을 낳았을 때라고 했다. 그러기까지 때로는 불안하고 심지어 두렵기까지 했다고 덧붙였다.

"하모니로 행복했노라."

뮤직 코칭 분야를 개척한 음악치료사 출신 코치로서 훗날 묘비명은 이렇게 새기고 싶다는 그녀.

"잘 살아가는 게 곧 웰다잉입니다. 나이가 들면 이것저것 지고 있는 보따리들을 내려놓고 소통을 잘해야 합니다. '돈, 돈.' 하지 말고 가치와 의미 있는 삶을 살아야죠."

2017년은 60살 이상 인구가 처음으로 1,000만 명을 넘은 해라고 한다.

저출산, 고령화의 영향으로 우리나라의 인구 구조가 달라졌다. 군대를 보더라도 20년 전에는 중위(군대의 초급장교를 말한다.)의 나이가 20대였지만 지금은 40대가 차지하고 있다고 한다. 고령화의 척도라고 할 수 있는 중위 연령이 세계에서 가장 빠른 속도로 높아졌다고 한다. 고령화 사회를 넘어 초고령화 사회로 들어가고 있다는 예측이 가능한 이유이다. 과거의 희망사항이었던 100세 시대가 눈앞에 다가와 있는 것이다. 하지만 늘어난 인생을 살아갈 아무런 준비가 되어 있지 않은 채 그저 '살아 있어야' 하는 인생은 그 누구도 원치 않을 것이다.

김미정 강사님은 우리가 안 된다고 생각했던, 많은 것을 이겨낸 분이다. 회사에 다녀본 경력도 없었고, 전업주부로 나이는 50이 넘었다. 새로운 시작을 하기에 늦었다고 생각할 수 있는 나이지만 과감히 새로운 일에 도전했다. 전공도, 학위도 없지만 원하는 분야에서 최고의 자리에 올랐다. 나이는 숫자에 불과하다는 말을 증명해낸 것이다.

나 역시 전업주부라서, 아이들을 돌봐줄 사람이 없다는 핑계를 대며 많은 것을 시작조차 하지 못하고 포기해버리고 말았다. 그러나 처음부터 모든 준비가 되어 있는 사람은 없다. 우리가 시작하지 못하는 이유는 해보지도 않고 실패를 생각하기 때문이다. 실패를 생각하면 실패할 수밖에 없다. 현실에 맞춰 꿈을 바꿀 것인지 꿈에 맞춰 현실을 바꿀 것인지는 아이도, 남편도 아닌 나만 선택할 수 있다. 어느 쪽을 선택할 것인가?

잘하는 일을 찾다, 빅마마 이혜정 요리연구가

모호한 것은 수입도 아니고, 지출도 아닌 모호한 삶을 계속 사는 것이다.

– 수잔 케인(작가, 콰이어트 레볼루션 공동 설립자)

내가 잘할 수 있는 일을 찾아서

몇 해 전 TV속에서 처음 본 그녀는 이전에 TV에 나오던 방송인과는 많이 달랐다. 예쁘지도 않고 날씬한 몸매도 아니었다. 흔히 길에서 만날 수 있는 평범한 아줌마의 모습이었다. 하지만 그녀는 깍쟁이 같으면서도 아줌마스러운 말투로 나를 사로잡았다. 그녀는 '빅마마'라는 예명으로 더 많이 알려진 이혜정 씨다. 이혜정씨는 요리 프로그램뿐만 아니라 TV만 틀면 얼굴을 볼 수 있을 정도로 다양한 방송에서 만날 수 있다. 그녀의 수다를 듣고 싶은 사람이 많긴 한가 보다.

나를 비롯한 많은 여성들이 주부가 되고 출산을 하고 가사 일을 하다 보면 이런 마음을 가지게 된다.

'나도 이렇게 허무하게 늙는구나. 나도 20대에는 젊고 예뻤는데….'

생각하면서 늙는 것을 슬퍼하면 그 모습이 그대로 얼굴에 나타난다. 나이가 들어도 당당하고 자신감 있게 생활하는 모습이야말로 빅마마 이혜정에게서 배울 수 있는 장점이다.

지금은 방송인으로 요리연구가로 활발한 활동을 하고 있지만 그녀가 전업주부로 10년 넘게 생활하다가 아이들이 다 자라고 나서 요리 공부를 시작했다는 것을 아는 사람은 드물다. 그녀는 의대 1학년 때 특급호텔에 찾아가 요리를 배우게 해달라고 할 만큼 당찬 여자였다. 하지만 그녀는 24살에 1979년 군의관이었던 남편과 결혼했다. 그 이후 학업도 그만두고 전업주부로 살았다.

행복할 줄만 알았던 그녀의 결혼 생활에 위기가 찾아왔다. 남편의 월급 150만 원으로 11개 통장을 만들며 억척스럽게 살았던 어느 날, 남편이 바람을 피운 사실을 알게 된 것이다. 친정어머니에게 그 사실을 털어놓았는데 어머니가 갈치를 구워주며 하는 타박에 펑펑 울었다고 한다.

"그만한 남편이 어디 있냐?"

다시 남편이 있는 집으로 돌아가던 길, 그는 계속 '내가 그렇게 못난 사람인가.' 자책했다. 하지만 곧 '내가 잘할 수 있는 일도 있을 것이다. 해보자.'라고 마음을 다잡았다.

그녀는 전부터 많은 이들이 자신의 요리 솜씨를 칭찬했던 사실을 떠올렸다. 그녀가 요리를 시작한 것은 중학교 때였다. 닭 요리를 하면 보통 닭볶음탕이나 백숙을 생각하는데 그녀는 슈퍼에서 바비큐 소스를 사서 닭 요리를 했다고 한다. 또 그녀의 아버지는 맛있는 곳이 있으면 꼭 가족을 데리고 가서 먹여주셨다고 한다. 그녀는 유한킴벌리 이종대 전 회장의 딸이다. 그녀는 당시 집으로 찾아오는 외국인 손님을 대상으로 요리를 대접하면서 재능을 발휘하기 시작했다. 당시에는 구경하기 힘들었던 망고나 치즈 등을 외국에서 사오시는 아버지 덕에 외국의 여러 음식을 접할 수 있었던 것이다.

처음에는 육아하느라 정신없이 바쁘다가 아이들이 커가면서 손 갈 일이 적어지고, 남편은 바깥일에 바쁘다. 갑자기 찾아온 여유는 자신의 존재를 하찮게 느끼게 만든다. 다른 주부들과 마찬가지로 그녀도 남편의 안정이 중요했다. 그러나 그녀가 39살 되던 해, 남편에게 이런 말을 듣고 정말 서러웠다고 한다.

"도대체 할 줄 아는 게 뭐냐? 머리는 뒀다가 어디다 쓰는 거냐?"

억장이 무너지고 이혼을 생각할 정도로 힘들었다.

'내가 정말 그렇게 할 줄 아는 게 없나?'

이런저런 생각을 한 후에 할 수 있는 일 39가지를 적어보았다고 한다. 내가 뭘 할 때 가장 행복했었나? 남편 빼고, 아이 빼고 나니 요리할 때가 행복했다고, 39가지 중에 요리와 관련된 것이 11가지였다.

"여보, 나 요리 선생 할 거야."

이것이 그녀가 요리 연구가의 길을 가게 된 계기라고 했다. 1993년 대구 MBC 요리 강사로 그녀의 인생 2막이 열렸다.

"요리 선생님을 하면서 돈을 무진장 벌었어요. 의사 남편이 하나도 부럽지 않을 정도였죠. 반면 저한테 배우는 사람들이 많을수록 두려움도 커졌어요. 번 돈을 따박따박 은행에 갖다 넣으면서 제대로 공부를 해서 당당하게 가르쳐야겠다는 다짐을 했죠."

40이 넘은 나이에 1997년 군인이었던 아들과 수험생이었던 딸을 두고 이탈리아로 유학을 떠났다. 하지만 그녀의 유학길은 시작부터 쉽지 않았다. 포항 MBC에 방송을 하러 갔다가 난간에서 떨어지는 바람에 다리가 부러졌다. 6개월을 준비해 학교 입학 날짜도 받아놓고 비행기 표도 사놨는데 포기할 수 없었다. 대퇴부까지 석고붕대를 하고 목발을 짚고 공항으로 갔다.

"제 다리 상태가 그러니까 휠체어를 태워주고 또 이코노미 클래스임에도 맨 먼저 비행기 탑승을 시켜줬어요. 또 스튜어디스들이 끊임없이 관심을 가져주니 '이 다리조차 내게 이렇게 즐거움을 주네.' 싶더라고요."

참으로 긍정적인 그녀다.

세상에서 가장 소중한 것은 '나' 자신

'빅마마'라는 별명은 이탈리아에서 요리 공부를 할 때 생긴 것이다. 그녀는 이탈리아의 요리학교인 ICIF에서 공부했다. 이탈리아는 정해진 양대로 요리하는데, 음식을 정량화하지 말자는 그녀의 주장에 선생이 '빅마마'라는 애칭을 붙여주었다. 이탈리아에서 빅마마는 음식을 푸짐하게 내놓는 마피아 보스의 아내라는 뜻이라고.

그녀가 본격적으로 이름을 알리기 시작한 것은 올리브네트워크 '빅마마의 오픈키친'이었다. 그녀는 프로그램을 진행하면서 살아가는 이야기로 자신을 가감 없이 드러냈다. 시어머니 이야기, 주변 사람의 이야기로 이웃집 아줌마와 수다 떠는 듯한 진행법으로 많은 사랑을 받았다. 그녀는 요리에 대해 이렇게 얘기했다.

"요리는 마음을 나누는 것이라고 생각해요. 내가 만들어서 사랑하는 사람과 나눌 것이라고 생각하면 요리가 즐거워지지만, 하기 싫어 죽겠다는 마음으로 하면 요리가 맛있을 수 없지요. 먹는 사람 입장에서 '음식을 먹는 행위'는 만든 사람의 마음을 먹는 거예요. 마음이 담기지 않은 음식을 주는 것은 '먹이를 주는 것'과 같다고 생각해요. 누군가를 만날 때 화장을 곱게 하듯, 요리의 대상을 정하고 그 사람을 생각하는 마음을 담아서 만드는 것, 그것이 저를 세상에 드러내는 방법이에요."

그녀가 39살의 나이, 15년의 전업주부에서 무언가를 시작할 수 있었던 힘은 가족이었다. 그녀의 어머니는 이렇게 교육하셨다고 한다.

'세상에서 가장 소중한 것은 너 자신이야. 너를 잃게 되면 그 다음부터 세상은 너를 아무도 인정해주지 않는다. 너를 지켜가는 게 자존심이야. 그러려면 네가 누구보다 겸손해야 되고 배움이 있어야 해.'

결혼하고 나서는 무엇을 하든 나를 치켜 세워주는 아이들이 생겼다. 세상 어느 곳을 간들 나를 인정해주고 믿어주는 건 역시 가족뿐이다.

많은 주부들이 나이를 너무 먹어서, 공부한 게 없어서, 늙고 초라해서 등의 이유로 자신을 그저 '집안일이나 하는 주부'로 생각하며 지낸다.

"내가 세상을 향해 발을 디뎌야만 세상도 내가 발을 디딜 수 있는 자리를 요만큼 준다. 내가 어떤 집 대문 앞에서 문패를 읽고 '여기 누가 사네?' 하고 속으로만 생각하면 그 집 사람은 내가 누군지 전혀 모른다. 내가 문을 똑똑 두드리고 '계세요?' 하고 들어가야 비로소 그 사람도 '아, 빅마마구나' 하고 나를 알아보게 되는 것이다."

아줌마라는 이유로 세상에서 괜히 주눅 들 때가 많은 주부들. 빅마마처럼 자신을 사랑하며 당당하고 긍정적인 생각으로 미래를 꿈꾼다면 더 이상 구석으로 초라하게 내몰리지는 않을 것이다. 누가 알겠는가. 지금 현재 집안일에 처박혀 있는 한 주부가 놀라울 만큼 멋진 모습으로 변신할지를.

15년 가까이 평범한 전업주부로 살다가 자신이 좋아하는 요리를 통해 180도 다른 인생을 살고 있는 이혜정은 수많은 방송 출연과 요리 연구가로서 본연의 일을 다 하려면 하루 24시간이 부족하다. 바쁜 방송 스케줄에도 여전히 틈만 나면 요리 재료를 구하러 다니고 음식을 만드는 이혜정은 자신이 힘든 가운데에서도 손에서 일을 멈추지 않는 이유가 바로 자신이 살아 있음을 느끼기 때문이라고 한다.

"저는 지금도 아내일 때, 엄마일 때가 가장 행복해요. '엄마'와 '여보'라고 부르는 그 소리에서 살아가는 큰 힘을 얻고, 그 소리만이 세상의 어려움을 막아주는 만리장성이 된다고 믿어요. 아무리 사회적으로 인정받고 능력이 있어도 여자임을 놓치면 매력이 없다고 생각해요. 아마 저는 70, 80살이 되어도 여자임을 잃지 않기 위해 화장하고 예뻐질 겁니다."

그녀의 꿈은 무엇일까? 그녀의 남편은 의사로, 교수로, 평생 교육자로 학생들과 함께 살아왔다. 그녀는 이런 남편이 정년 이후에도 교육자로서 살아갈 수 있게 하고 싶다. 더불어 '철학이 있는 음식'이라는 오래된 자신의 생각을 후배들에게 전수하고 싶은 마음에 요리학교를 설립하고 싶다고 한다. 요리연구가로 방송인으로 최고의 자리에 오른 그녀는 이렇게 말한다. 당신이 가장 좋아하는 일을 찾으라고, 노력하고 꿈꾸고 사랑하라고.

나를 위로해준 것들

임재범, '비상'

내가 지치고 힘들 때 들으며 자연스럽게 흥얼거리게 되는 곡이다. 무엇보다 가사가 굉장한 힘과 용기를 준다. 이 곡을 들으면 당신도 힘을 얻게 될 것이다.

너무 많은 생각과 너무 많은 걱정에 온통 내 자신을 가둬두었지
이젠 이런 내 모습 나조차 불안해 보여. 어디부터 시작할지 몰라서
나도 세상에 나가고 싶어. 당당히 내 꿈들을 보여줘야 해
그토록 오랫동안 움츠렸던 날개. 하늘로 더 넓게 펼쳐 보이며 날고 싶어
상처받는 것보단 혼자를 택한 거지
고독이 꼭 나쁜 것은 아니야
외로움은 나에게 누구도 말하지 않을 소중한 걸 깨닫게 했으니까
이젠 세상에 나갈 수 있어
당당히 내 꿈들을 보여줄 거야
그토록 오랫동안 움츠렸던 날개 하늘로 더 넓게 펼쳐 보이며!
다시 새롭게 시작할 거야.
더 이상 아무것도 피하지 않아
이 세상 견뎌낼 그 힘이 되어줄 거야, 힘겨웠던 방황은

용기 있게 도전한 하늘농가 고화순 대표

최고가 되어야 한다. 최고의 자리가 붐비지 않는 유일한 시장이다.

– 톰 피터스 (작가)

천리 길도 한 걸음부터

남양주시 진건읍에 있는 하늘농가는 어머니의 마음으로 자연 그대로의 국산 농산물만 고집함으로써 모든 사람에게 먹는 즐거움을 되찾아 주겠다는 마음으로 설립된 회사다. 채소, 나물류를 단체 급식에 납품하고, 일반 소비자에게도 판매하는 식품가공업체로 1998년 설립된 이후 현재 연매출 132억 원. 직원 50명의 중소기업으로 성장했다. 이런 회사를 이끌어 가는 CEO라면 어떠한 이미지가 떠오르는가? 그리고 이 창업자는 어떤 경험을 가지고 있을까?

많은 사람들이 회사를 세우고 20년 만에 회사를 키운 사람이라면 창업 전에 이미 해당 분야인 식품업계에서 오랜 경험이 있을 것이라고 생각한다. 그리고 사업에 대한 자질이나 사람을 이끄는 데에도 탁월한 재능이 있을 것이라고도 생각할 것이다. 하지만 하늘농가의 고화순 대표는 우리가 생각하는 것과는 많이 다르다. 그녀는 사업과는 전혀 다른 삶을 살고 있던 전업주부였다.

"원래는 집에서 살림하면서 아이들을 잘 기르며 사는 현모양처가 꿈이었다."

이랬던 그녀는 어떻게 사업에 뛰어들게 되었을까? 그리고 어떻게 회사를 이 정도의 규모로 키워낼 수 있었을까?

1996년 그녀는 결혼 후 줄곧 전업주부로 살다가 일자리를 하나 얻었다. 집안 살림에 보탬이 되고 싶다는 마음 때문이었다. 학교 급식에 식자재를 납품하는 곳이었다. 그녀의 고향은 경북 울진군. 이곳에서 그녀의 부모님이 농사를 짓고 있었다. 여러 농산물 중에서도 도라지를 제일 크게 지어서 수입도 많이 올리고 있었다. 그러나 중국산 도라지가 국내로 수입되면서 국산 도라지의 자리는 줄어들었고, 그녀의 부모님 역시 농사지은 도라지를 판매하지 못해 쩔쩔매고 있었다. 식자재 납품업체에서 일하고 있던 그녀는 평소 학교의 영양사들과도 친분이 있었던 상태였기에, 그녀는 부모님을 돕기 위해 시골에서 보내주신 도라지를 들고 학교마다 돌아다니며 홍보와 영업에 나섰다.

"울진군에서 농사지은 국내산 도라지예요."

다행히 품질을 마음에 들어 했던 몇몇 학교와 거래를 시작하게 되었다. 하지만 규모는 얼마 되지 않았다. 급식에 도라지가 많이 나오는 것도 아니었고, 취급하는 상품도 도라지 하나뿐이었으니 말이다. 하지만 이 거래가 그녀가 회사를 차리는 첫걸음이 되었다.

2년 정도 학교에 도라지를 납품하자(납품이라고 해봤자 친정에서 보낸 도라지를 손질해서 박스에 담아 넘기는 정도) 점점 다른 채소들도 구해줄 수 있느냐는 부탁이 들어오기 시작했다. 조금의 노력과 효심으로 시작했던 일이 부모님의 농산물로는 물량을 맞추기 힘들게 되자 고향집 주변 농가들에게도 물건을 받아 납품을 하기 시작했다. 그때까지만 해도 농산물을 고속버스 짐칸을 이용해서 받았으니 규모가 그리 크지는 않았다. 고향마을을 통해 농산물을 직접 구할 수 있다는 점 때문에 다른 식자재 업체들보다 판매가를 낮출 수 있었던 것이 그녀의 장점이었다.

1998년 서울 구의동에 미소식품을 창립하고 남편과 함께 회사를 이끌어가기 시작했다. 처음 부업으로 시작했을 때는 직접 학교에 납품을 했지만 본격적으로 사업에 뛰어든 이후에는 규모가 큰 식자재 업체에 납품을 하는 방식을 택했다. 직원은 부부와 집 근처 허름한 가게에서 나물을 손질해주던 아르바이트 아주머니들뿐이었기에 수많은 학교와 기업체의 구내식당을 돌아다니며 영업을 하는 것이 쉽지 않았기 때문이다.

그녀는 차별화를 위해 노력했다. 회사의 브랜드를 구축한 것이다. 1990년대 후반, 2000년대 초반만 하더라도 단체 급식용 시장에는 파란색 봉투나 갈색 종이상자에 주문 받은 식자재를 넣어 보내는 식이었지 브랜드라는 개념이 부족했다. 그러나 그녀는 대형 외식업체들이 식자재를 포장하는 방법을 유심히 살폈고 이러한 포장 방법을 회사에 도입했다. 회사 브랜드가 잘 드러나도록 포장 상자와 용기를 디자인했고 윗부분은 비닐로 덮어 포장했다. 이렇게 브랜드를 만들어가기 시작한 그녀는 2004년에 지금의 하늘농가로 회사명을 바꾸었고 2007년엔 지금의 자리에 공장을 마련했다. 농가와 직접 계약으로 식재료를 납품 받기 때문에 가격 경쟁력, 디자인 차별화로 만든 브랜드, 고객이 원하는 것을 파악하는 세심함이 하늘농가가 지금껏 성장해온 비결이라 할 수 있다.

현재까지 그녀는 대부분의 식재료를 전남 구례군, 경남 하동군, 경남 남해, 충남 부여, 강원 영월등의 산지 농가와 농협, 영농조합 등에서 직거래로 구입하고 있다고 한다. 이렇게 구입하고 가공한 식재료들은 5,000

여 곳의 학교와 기업 구내식당 등에 납품하고 있다.

"산지 농가들과 직접 계약을 맺고 1년 동안 필요한 물량을 정해진 가격대로 납품받고 있어서 농산물 가격이 크게 올라도 걱정할 필요가 없다."

지금 용기를 내자

하지만 그녀의 사업이 탄탄대로만 걸었던 것은 아니다. 사기도 당하고 자금난의 시련도 겪었다.

"회사 매출이 대부분 학교 급식을 납품하는 데서 나오다 보니 학교가 방학을 하는 여름과 겨울에는 매출이 크게 떨어지는 문제가 있었어요. 직원들은 출근해서 나와 있는데 할 일이 없었던 적도 있고요. 이 문제를 해결하기 위해 마트에 소매용으로 납품을 하기도 하고 집에서 간단하게 2~3분이면 해먹을 수 있는 나물 가공품도 만들어서 팔게 되었어요."

2016년에는 회사에 연구부서도 만들었다. 단체급식에만 머물지 않고 새로운 시장 개척을 위해 새로운 상품이 필요하다고 생각했기 때문이다. 이러한 그녀의 생각은 곧 결실을 맺게 되었다.

해외 수출용으로 컵 비빔밥을 개발해 프랑스에서 열린 식품박람회에 선보였다. 나물 가공 식품을 개발한 노하우를 살려서 외국인들도 간편하게 먹을 수 있는 비빔밥을 개발한 것이다.

서울국제식품산업대전(SEOUL FOOD 2018: 서울국제식품산업대전 SEOUL FOOD는 명실 공히 국제적 경쟁력을 갖춘 36년 전통의 국내 최대 식품산업 전문 전시회이자 아시아 4대 식품산업 전문 전시회다. 국내 식품업계의 해외 수출 지원, 국내 식품업계의 신기술 및 신제품 개발 유도, 국내외 식품업계 간의 정보교류 및 네트워크 강화, 국내 식품산업 현대화 및 수출기반 강화 등 국내외 식품산업을 활성화하는 데 의의를 두고 있다.)에 참가한 하늘농가는 힐링 분야에서 '소스가 있는 나물 9종'으로 수상했다. '소스가 있는 나물 9종'은 국산 나물류로 구성되며 가정에서 쉽게 조리할 수 있는 제품이다. 현재 제품은 미국 한인마트에 수출되고 있다. 향후에도 레토르트 제품을 만들어 상온에서 유통할 수 있는 나물을 전 세계에 선보이고자 계획하고 있다.

"서울푸드에서 상을 받아 영광으로 생각한다!"

"이번 기회로 블로그 홍보 및 코트라의 무역 지원을 통해 나물류를 세계에 홍보하는 계기가 될 것 같다."

그녀는 하늘농가가 지금과 같은 성공을 거둘 수 있었던 가장 큰 비결로 '내가 고객이라면 어떤 서비스와 제품을 원할지를 계속해서 고민하는 태도'를 뽑았다. 영양사들이 식자재업체에 주문을 했더라도 급하게 재료를 변경해야 할 때(주문한 재료를 취소하고 다른 재료가 필요할 때, 식사 인원이 늘어나서 재료가 더 필요할 때 등) 대형 업체에서는 주문한 내역을 변경하는 데 번거로운 절차를 거쳐야 하지만 하늘농가에서는 24시간 직원이 대기해 이러한 주문들을 처리했다. 그녀가 직접 주문을 처리하기도 했다. 이렇게 해서 바로 다음 날이라도 고객이 필요한 재료들을 꼭 가져다 준 것이 처음에 자리를 잡는 데 도움이 되었다는 것이다.

또한 모든 제품이 가공되지 않은 채 그대로 납품되어서 급식실 조리원들이 손수 씻고 다듬는 모습을 보면서 이런 생각을 했다.

'왜 1차 전 처리된 상품은 없을까?'

씻고 다듬어서 원하는 요리 방법대로 잘라서 납품했던 작은 아이디어가 회사의 성장에 도움이 되었다고도 말한다.

"나물 하면 하늘농가가 생각나길 바란다!"

이것이 그녀의 꿈이다.

전업주부에서 연매출 100억이 넘는 회사로 성장시킨 그녀도 시작은 '부모님의 농장에서 생산한 도라지를 팔아드리고 싶다'는 작은 마음이었다.

그러나 도라지를 들고 영양사들을 만났던 그 첫걸음이 없었다면 지금의 하늘농가는 생겨나지 않았을 것이다. 누구나 태어나서 바로 걷거나 뛰어갈 수 없다. 수없이 넘어지고 부딪혀야 비로소 혼자서 걷게 되는 것이다. 모든 역사의 시작도 내가 용기 있게 내딛은 그 한 발자국에서 시작한다. 하고 싶은 일이 있다면 지금 용기를 내어보자. 5년 뒤에는 지금과 전혀 다른 삶을 살게 될 수도 있다.

나를 위로해준 것들

김상진, '너를 선택한다'

지금 나 자신을 사랑하고 있지 못하다면 이 곡을 들어보자 내가 어떤 사람이든 나를 사랑해 주는 분이 계시다는 것을 이 노래 속에서 느낄 수 있다.

귀하고 아름다운 나의 사랑아 나의 모든 마음을 너에게 준다
무엇보다 소중한 나의 사랑아 나의 모든 정성을 너에게 준다
나의 기쁨아 나의 사랑아 나는 언제나 너를 선택한다
어떤 이가 세상을 다 준다 해도 나는 언제나 너를 선택한다
내 모든 것을 포기해야 한데도 나는 너를 선택한다
어디에 있든지 무엇을 하든지 상관하지 않고 너를 사랑한다
네가 나를 사랑하지 않아도 상관하지 않고 너를 사랑한다
네가 잘난 사람이 아녀도 다른 사람들이 손가락질해도
난 항상 변함없이 나는 언제나 너를 선택한다

1% 가능성을 본 한화손해보험 김남옥 상무

최고의 장애는 당신 안에 있는 '두려움'입니다.

– 닉 부이치치(사회기관단체인)

내 이름을 찾기 위한 도전

중학교 졸업의 학력, 23살에 결혼, 중풍에 걸린 시어머니를 모시던 전업주부. 만약 이 조건이라면 무엇을 할 수 있을까? 누가 보기에도 악조건 중 악조건이다. 그런데 사회생활은 할 수 있을까 싶은 이 조건을 모두 이겨내고 대기업 임원이 되었다. 도대체 어떤 사람일까?

2014년 한화손해보험의 첫 여성 임원, 2016년 한화그룹 상무가 된 김남옥 상무의 이야기다. 김 상무처럼 고졸 이하 학력으로 임원에 오른 여성은 300대 기업 임원 1만 500여 명 가운데 고작 3명에 불과하다. 한화 그룹 내에도 여성임원은 2명뿐이다. 그녀는 중학교 졸업의 학력, 두 아이의 엄마, 중풍에 걸린 시할머니를 모시며 효부상까지 받은 종갓집 맏며느리였다.

1970년 경남 하동 양보중학교를 졸업한 그는 23살의 어린나이에 종갓집 맏며느리가 되었다. 전업주부라면 누구나 그렇듯 내 이름 대신 두 아들의 엄마, ㅇㅇ아내가 그녀의 이름이었다. 시부모 공경하고 밥하고 빨래하는 것만 생각했던 그녀는 10여 년의 전업주부 생활을 끝내고 37살의 나이에 신동아화재(한화손해보험 전신)에 보험설계사로 입사했다.

"누구 엄마, 누구 마누라, 누구 며느리로 평생 살지 말고 네 이름을 찾아야 하지 않겠니?"

사촌언니의 말에 충격을 먹고 시작한 일이었다. 처음부터 그녀가 임원의 꿈을 가지고 보험설계사가 된 것은 아니었다. 보험에 대해 전혀 관심도, 아는 것도 없었고 잃어버린 자기 이름 석 자를 찾기 위한 도전이 그녀의 시작이었다. 그런데 1992년 입사 2년 만에 영업소장을 맡게 되면서 정규직이 되었다고 한다.

경남 하동에서 나고 자랐기 때문에 인맥이 넓은 것도 아니었다고 그녀는 말했다. 영업소장이 된 이유도 영업을 잘했기보다는 '설계사 모집'에 두각을 나타내면서 관리자로 일찍 발탁된 것이 아닌가 싶다고 했다.

다음은 '어머니 리더십'이 그녀가 밝힌 인력관리 비결이다. 어머니란 어떤 사람인가. 아무리 못난 자식이라도 무조건적으로 믿어준다. 나 역시 실력이 뒤처지는 직원도 자주 격려해주어 능력을 최대한 발휘할 수 있도록 곁에서 응원해줬다. 그랬더니 성과가 저절로 나왔다. 회사에서 요구하는 나이, 자격증 등의 기준이 있지만, 이런 조건보다는 그 사람이 꿈과 의지를 가지고 있는지, 아닌지를 살폈다. 꿈이 뚜렷하지 않거나, 꿈이 있지만 실천 의지가 없는 사람들은 고려 대상이 아니었다. 그녀는 꿈을 가진 사람들의 목표를 실현시켜주는 일에 자신 있었다. 그래서 직접 영입한 사람들 가운데 지금 억대 연봉을 받는 사람들이 부지기수라고 했다.

그녀는 어머니 리더십으로 2005년에는 경남 마산 지역단장을 맡았으며 2013년에는 핵심 지역본부 중 한 곳인 부산지역본부를 총괄했고, 지역단장과 본부장을 역임했다. 그녀가 한화손해보험 부산지역 본부장(2013년 12월~2014년 12월)을 맡았을 때 거둔 성과는 놀랍다.

"그 당시 보험업계가 경영난에 빠져 지점 통폐합을 추진하는 와중에도 부산지역 지점 수를 오히려 확장해 다른 지역보다 높은 시장 점유율을 이어갈 수 있었다. 이는 부하 직원들의 역량을 200% 이상 이끌어내기 위해

비전과 전략을 그들과 공유한 나만의 리더십이 있기에 가능했다."

한화손해보험에 따르면 2013년 말 38개였던 부산 지점은 2014년 말 45개로 20% 가까이 증가했다. 8년 가까이 지역단장 · 본부장을 지내는 동안 보험왕이라고 불리는 연도대상도 11회 수상했다. (연도대상은 매년 전년 실적을 기준으로 우수 보험설계사에게 주는 상이라고 한다.) 한 번만 받아도 가문의 영광이라는 상을 11번이나 받은 것이다. 그녀는 연도대상을 받은 비결에 대해 이렇게 대답했다.

"흔히 보험업계의 연도대상은 '상품을 많이 팔아서 높은 매출을 낸 설계사들에게 주는 상'이라고 생각한다. 하지만 관리자도 종합적 평가를 거쳐 연도대상의 주인공이 될 수 있다. 나는 관리자 위치에 있을 때 연도대상을 받았다. 관리자는 매출뿐 아니라 인력 관리도 중요한 평가 대상이 된다. 나는 우수한 설계사를 우리 회사로 데려오는 '신인(新人) 도입'과 조직에 성공 DNA를 심어 동기를 부여하는 '인력 관리'에 능했는데, 이것이 상을 받은 이유다."

이런 성과 덕분인지 그녀는 지칠 줄 모르는 승진을 했다. 대리, 과장도 특진, 차장과 부장도 1년 만에 특진했다. 상무보에서 상무가 된 것도 불과 1년 9개월 만의 일이었다. 대졸 출신들과의 경쟁에서 이뤄낸 성과인 것이다. 23년 직장 생활 동안 1등 자리를 놓치지 않았고 임원 자리에 오르게 된 것이다. 마침내 국내 손해보험업계 최초로 임원 자리에 오른 여성이 되었다.

1%의 가능성도 포기하지 않는다!

그녀는 '최고'와 '최초'의 타이틀을 달고 다녔다.

"낮은 학력의 전업주부였지만 입사 이래 승진에서 단 한 번도 밀려본 적이 없다."

이것이 그녀의 자신감이었다.

"학벌은 최저였는데 그게 오히려 도움이 된 것 같아요. 더 열심히 뛰었고 그만큼 더 빨리 진급할 수 있었습니다."

물론 그녀도 검정고시를 준비했었다고 한다. 1994년 영업소장일 때다. 공부를 더 해야겠다는 마음을 먹고 수학 교사인 남동생과 많은 얘기를 나눴다. 그러나 결론은 잘할 수 있는 것에 매진하자는 것이었다. 늦은 나이에 고교 졸업장을 따고 나중에 대학을 졸업하더라도 일에 크게 도움이 되지 않을 것 같았다. 오히려 남에게 보여주기 위한 체면치레용에 시간 낭비라는 생각이 들기도 했다. 지금까지 그랬던 것처럼!

"아내이자 엄마, 종갓집 맏며느리, 한화손해보험 식구로 만족하며 최선을 다하자고 마음을 다잡았다."

그녀는 학벌보다는 남들보다 한 발짝 더 뛰겠다는 특유의 성실함에 승부를 걸었고 열심히만 하면 인정받을 수 있다는 것을 깨달았다고 한다. 1%의 가능성도 포기하지 않는 것이 그녀의 좌우명이다.

"학벌은 그저 옷에 붙이는 장신구에 지나지 않는다고 생각하고 살았다. 1% 가능성만 있어도 포기하지 않았다. 여자라 안 된다. 나이 때문에 안 된다. 학벌 때문에 안 된다는 한계를 스스로 정하지 않았다."

나름대로 고민했고 방법을 찾느라 노력했다.

"남들이 볼 때 나는 부족함이 많은 사람이다. 저학력인데다 그렇게 예쁜 얼굴도 아니다. 늦은 나이에 이 일을 시작했고 벌써 60살이다. 그렇지만 이러한 단점을 스스로 극복한 지 오래다. 끝까지 하면 안 되는 게 없더라. 내가 걸어온 길이 그걸 말해주고 있다. 꿋꿋이 직장생활을 하다 보니 중졸이란 학력도, 여성이란 성별도 아무런 장애가 되지 않았다."

그녀는 말했다. 포기 대신 행동으로 실천했고 같이 일하는 직원들이 그렇게 하게끔 만드는 역할을 했다고 말이다.

물론 그녀에게 힘든 점이 없었던 것은 아니다. 거동이 불편한 시할머니의 대소변을 3년간 받아냈다. 이후 11년간 매일 아침에 당뇨가 심했던 시아버지의 인슐린 주사를 놓는 것으로 시작했다. 시아버지의 반찬을 따로 만들다가 새벽 1시가 넘어 잠드는 날도 많았다. 남들이 혀를 내두를 만큼 매우 힘든 순간이었지만, 이런 생활이 스스로를 더 강하게 만드는 원동력이 됐다. 그녀는 여성들에게 이렇게 말한다.

"간절함을 가져야 된다. 절대 미리 한계를 설정해서는 안 된다. 특히 여성 후배들에게 말하고 싶다. 내 경우를 봐라. 나도 할 수 있는데 더 뛰어난 능력과 환경, 자질을 지녔다면 문제없지 않겠나. 모든 것은 마음먹기에 달렸다. 지레 겁먹지 마라."

국내 손해보험사 최초 여성 임원이 된 그녀의 꿈은 무엇일까?

"사장과 부사장 등 더 높은 자리에 올라가는 것보다 나를 믿고 따르는 직원들 개개인이 일에서 성취감을 느끼도록 도와주고 싶다. 내가 관리하는 직원들은 FP까지 포함하면 거의 3,000명인데 이들의 성공을 돕고 싶다. 언론 등에 나온 내 강연 내용을 보고 가끔씩 저 먼 지방에서도 나를 찾아오는 사람들도 있다. 11살짜리 아이가 '상무님처럼 되고 싶다.'라고 쓴 편지도 기억에 남는다. 더 힘을 내서 앞으로 달려가야겠다고 생각한다."

또한 그녀는 우리 사회에 여성 진출이 활발해지고, 학벌이 낮더라도 '열심히 하면 된다'는 희망 찬 사회가 되기를 간절히 소망했다.

"아직까지 우리나라는 여성이라는 이유로 움츠리고 미리 선을 긋는 문화가 남아 있어 안타깝다. 한화그룹처럼 다른 기업에서도 많은 여성들이 도전할 수 있었으면 좋겠다. 많은 사람들이 도전하고 희망을 갖고 일하는 사회가 되었으면 한다."

그녀의 이야기는 많은 것을 생각하게 했다. 나 역시 학벌에 대한 자격지심이 강했기 때문이다. 어린아이들부터 더 많은 것을 가지려고, 남들보다 더 높은 곳에 오르려고 스펙 쌓기에 많은 시간을 보내고 있다. 하지만 그녀는 남들에게 보이는 스펙보다 내가 가진 것에 집중하고 결과로 자신의 실력을 입증했다. 미리 한계를 긋지 말고 1% 가능성이라도 믿고 나아갈 수 있는 간절함이 있다면 우리의 꿈은 이루어진다.

행동파 1인기업가, 줌리빙 박소연 대표

변화를 일으키는 일은 우연히 발생하거나 그저 세월 따라 무심하게 일어나지 않는다.
변화를 일으키겠다는 의지로 사람들이 선택하는 것이다.
– 마야 안젤루(시인, 영화배우)

생각만 하지 말고 행동하라

그녀는 배송 담당 직원 1명만 있는 사실상 '1인 기업' 줌리빙의 대표다. 3년제 전문대에서 방사선 분야를 전공하고, 4년간 직장 생활을 했지만 결혼 후 직장을 그만두고, 남편 직장을 따라 대구를 떠나 대전으로 이사 갔다. 친구 1명 없는 대전에서 아이 둘 키우면서 우울증을 겪었다.

"둘째 아이가 태어나면서 잠잘 시간 없이 바빴어요. 아이들 짐 때문에 집은 아수라장이 됐고요."

그녀는 육아 우울증을 집안 정리로 풀었다고 한다. 하지만 그녀에게도 쉽지 않았던 것이 바로 옷 정리였다.

"신혼 때 드레스룸이 아이 방으로 바뀌면서 옷 둘 곳이 사라졌어요. 안방 곳곳에 쌓아 두고 살았죠. 거기서 옷 한 번 찾으려면 금세 흐트러져 난리가 났어요. 그걸 정리하느라 또 시간 보내고. '시간=돈' 개념으로 보면 엄청난 낭비죠. 있는 옷 까먹고 비슷한 옷을 또 사면서 낭비가 발생하기도 했습니다. 그거 막아보겠다고 정리할 가구를 사봤어요. 그런데 생활 공간이 더 좁아지는 악순환이 생기더라고요. 그러다 '옷 정리하는 도구를 만들어볼까?'란 생각이 들었습니다."

그녀는 생각에서 그치지 않았다. 이왕 하는 것, 창업하기로 했다. 전업주부 생활 10년째인 2014년이다. 계절이 바뀔 때마다 아이들 옷장 정리하는 게 힘들었다. 실제로 한국워킹맘연구소에서 워킹맘을 대상으로 설문 조사한 결과 '아이의 건강'보다 오히려 '옷장 정리'가 워킹맘의 주된 스트레스였다. 이런 상황에서 아이디어가 떠올랐다. 처음 시작은 책이나 문서를 넣는 '파일 꽂이'처럼, 옷을 세워 보관할 수 있는 플라스틱 정리 보관함을 만들었다.

“간판 공장을 찾아가 시제품을 만들었어요. 플라스틱과 비닐을 이리저리 붙인, 지금 생각하면 말도 안 되는 제품이었죠.”

시제품을 들고 중소기업진흥공단 청년창업사관학교를 찾아가 면접을 봤다. 예비창업자(만 39세 이하 또는 창업 후 3년 이하인 사람)를 선발해 1년간 교육을 해주고, 최대 1억 원(총 사업비 70% 이내)을 무상 지원하는 프로그램이다.

“아무것도 모르니 솔직하게 호소했어요. 평범한 주부인데, 이런 제품을 구현하고 싶다고요. 성의를 좋게 봐주셔서 뽑혔습니다. 5,600만 원을 지원받았죠.”

하지만 그녀의 제품 개발은 쉽지 않았다. 가장 큰 벽은 아이들이었다. 집은 대전이었지만 창업사관학교는 천안이었다. 친정어머니는 돌아가셨고 시부모님은 대구에 계셨으나 아이들을 돌봐줄 형편이 되지 않았다. 그때 그녀를 도와주었던 것은 남편이었다.

“타지 생활을 하느라 힘든 경험을 보상해주겠다!”

남편이 아이들의 양육을 도와주었다. 천안과 대전을 오가며 시제품 개

선에 몰두했다. 학교에서 밤늦게까지 일하다 숙소에서 잠을 잔 적도 많았다고 한다. 처음엔 옷을 넣고 압축하는 플라스틱 팩 제품을 생각했다. 시제품을 만들어줄 업체를 찾아다녔다. 한 공장에 갔을 때였다.

"주부 입장에서 필요한 제품이긴 한데 단가도 높고 쓰기 귀찮아서 잘 안 팔릴 것 같다."

공장 대표의 부인이 쓴소리를 했다.

"동생이 정리를 참 잘하는데 옷을 돌돌 말아 보관하더라!"

그 순간 박 대표의 머릿속에 떠오른 것이 '밴드'였다. 집에 있는 수백 벌 옷을 수없이 말아보며, 2014년 말 제품 개발에 성공했다.

실패에 대한 두려움을 버려라

니트 · 패딩 등 부피가 큰 옷은 둥글게 말고, 작은 옷들은 접어 여러 벌을 포갠 뒤 두르면 되는 제품이다. 수납 공간을 절반 이상 줄일 수 있고 여행을 위해 짐을 쌀 때도 유용하게 만들었다. 사이즈도 니트나 청바지 한 벌을 보관할 수 있는 '소' 사이즈, 패딩 한 벌 또는 티셔츠 6~8벌 정리가 가능한 '대' 사이즈 두 가지로 만들었다. 암을 유발하거나 건강상 위협을 줄 수 있는 환경호르몬, 유해 중금속이 들어있지 않은 비닐원단을 사용한다. 밴드 끝부분이 별도의 접착제 없이 자연스럽게 붙는다. PVC필름 재질을 썼기 때문이다. 스마트폰 화면보호 필름을 화면에 갖다 대면 달라붙는 것과 같은 '고주파 접착 방식'이다. 수차례 뗐다 붙여도 접착력이 떨어지지 않아 반영구적으로 쓸 수 있는 제품을 만든 것이다.

특허 출원 후 2015년 2월 말 G마켓에서 판매를 시작했다. 반응이 좋았다. 옥션, 11번가로 판매처를 늘렸다. 그렇게 지금까지 25만 장을 팔았다. 수납 공간을 줄일 수 있는 간편한 제품에 엄마들뿐만 아니라 집 정리가 어려운 직장인이나 1인 가구에서도 열광한 것이다. 사용법이 어렵지 않고 말아서 정리를 하니 구김이 가지 않는다는 것이 소비자들이 말한 제품의 장점이었다. 특히 옷장에 자리를 많이 차지하는 겨울옷들과 패딩을 말아서 보관하니 옷장을 넓게 쓸 수 있었다.

이런 장점 덕분인지 그녀는 일본에도 진출했다. '2016 대한민국 소비재 수출대전'에 참가한 일본 바이어가 제품을 하루 빨리 일본에 가져가고 싶다고 재촉하고 나섰기 때문이다. 제품은 이미 시중에서 판매되고 있었지만, 포장이 마음에 들지 않아 개발 중에 있었다. 일본에서는 생활 공간이 작고 정리정돈 문화가 발달돼 수납 효율성에 주목해서 압축 팩도 일본 현지에서 크게 인기를 끌었다고 한다. 일본에서는 아이디어 상품이 인기를 끌고 있는데 바이어가 그녀의 상품을 아이디어 상품 중의 하나로 본 것이다. 그녀는 일본 현지인들이 기피하는 색도 조사해 제품에 반영했다. 대형 업체와 해외 바이어들도 찾고 있다. 유아의류 회사 보니코리아와 세탁세제를 파는 옥시레킷벤키저 등이 제품을 대량 구매했다. 소비자에게 나눠줄 판촉물로 쓰기 위해서다. 900~1300원짜리 제품으로 2015년 1억 4000만 원의 매출. 2016년에는 2억 원을 넘을 것이라고 예상했다.

그녀의 직원은 배송 담당 직원 1명뿐이다. 1인 기업으로 큰 성과를 냈다. 대출이 없고 비용이 별로 들지 않아, 영업이익률이 무척 높은 편이라 한 달 순수입이 800만~1,000만원 수준이라고 했다.

두 아이를 학교에 보내고 10시 쯤 사무실로 출근해 육아와 일을 안정적으로 병행하고 있는 것이다. 그녀는 남편을 따라 대전으로 온 것이 아이디어를 깊게 연구할 좋은 기회가 되었다고 했다. 사업을 안정적으로 이어가고 있는 그녀는 제품 포장이 많이 부족한 상태인데, 개선을 한 이후 오프라인 매장에 진출하는 것, 제품 단가를 낮추고 디자인을 가다듬어 연말부터 해외 시장 공략에 본격적으로 나서는것, 2가지 꿈을 가지고 있다.

그녀의 해외 진출은 생각보다 쉽게 이루어질 것 같다, 싱가포르항공과도 주문자상표부착생산(OEM) 방식으로 공급하는 것을 논의하고 있으며,

일본, 멕시코 등 해외 바이어들로부터 연락도 오고 있기 때문이다.

"옷 정리 밴드 한 가지에 머물지 않고 냉장고 속 식품을 쉽게 정리할 수 있는 보관함을 새 아이템으로 구상하고 있다."

박소연 대표는 전업주부로 살고 있는 엄마들에게 이렇게 이야기한다.

"생활 속 아이디어를 다 갖고 계세요. 하지만 실패에 대한 두려움 때문에 도전하지 못하죠. 저처럼 정부 지원 제도를 활용해보세요. 큰 돈 들이지 않고 창업할 방법이 많습니다. 시작이 반이니 꼭 도전하세요."

무엇보다 집안 정리와 정돈에 소질이 없어 어려움을 겪고 있는 나는 그녀의 제품이 꼭 필요한 사람이다. 옷장 안에 있는 옷들은 몇 년째 1번도 입지 않은 옷들도 있지만 쉽게 버리지도 못하고 그렇다고 말끔하게 정리가 되지도 않기 때문이다. 계절마다 옷장 정리는 주부들에게 너무나 힘든 일 중 하나인데 박소연 대표는 전업주부의 장점을 잘 살려 작은 아이디어로 사업가가 되었다. 그녀의 말처럼 살림을 하는 주부들 중에서 본인만의 살림 노하우를 가진 주부들이 많다. 이것을 혼자만 알고 있느냐, 사업으로 연결하느냐는 행동하는 것에 달려 있다. 지금 본인만의 작은 아이디어가 있다면 박소연 대표처럼 두려워하지 말고 창업에 도전하라. 기적이나 성공은 특별한 사람들에게만 일어나는 일이 아니다. 다른 사람에게 일어나는 일이면 나에게도 일어날 수 있다. 자신감을 가지고 도전한다면 당신도 성공할 수 있다.

나를 위로해준 것들

드라마 〈눈이 부시게〉

이 드라마를 보지는 않았지만 어느 시상식에서 김혜자 선생님이 수상소감으로 말씀하셨던 드라마 속 내레이션에 많은 위로를 받았다. 오늘을 살아가지 않는다면 알 수 없는 사소한 행복들, 느끼지 못할 뿐 우리는 이미 하루하루의 삶 속에서 많은 것들을 누리고 있다.

"꽃이 피기 전 달큰한 바람, 해질 무렵 우러나는 노을의 냄새, 어느 하루 눈부시지 않은 날이 없었습니다. 지금 삶이 힘든 당신, 이 세상에 태어난 이상 모든 걸 누릴 자격이 있습니다. 대단하지 않은 하루가 지나고, 또 별거 아닌 하루가 온다 해도 인생은 살 가치가 있습니다. 후회만 가득한 과거와 불안하기만 한 미래 때문에 지금을 망치지 마세요. 오늘을 살아가세요. 눈이 부시게."

01 없는 돈도 불러들이는 말 습관 | **02** 절대로 저축이 전부가 아니다 | **03** 똑같은 시간, 다르게 살아가는 이유 | **04** 나만의 도구를 발견하라 | **05** 돈보다는 사람을 놓치지 마라 | **06** 내가 인정하지 않는 한, 실패는 없다

5장

돈 벌기,
전업주부도 할 수 있다!

없는 돈도 불러들이는 말 습관

행복의 문이 하나 닫히면 다른 문이 열린다.
그러나 우리는 종종 닫힌 문을 멍하니 바라보다가 우리를 향해 열린 문을 보지 못하게 된다.
— 헬렌 켈러(작가, 사회사업가)

말 습관의 놀라움

당신은 부자(富者) 라고 하면 어떤 사람들이 떠오르는가? 나는 2가지 부류의 사람들을 떠올렸다. 하나는 요즘 말로 금수저, 돈 많은 부모, 성공한 부모 밑에서 태어난 사람들이 생각났다. 또 한 가지는 부정을 저질러서 돈을 벌었을 것이라는 부정적인 이미지를 떠올렸던 것이다.

나는 한 번도 부자가 되겠다고 생각했던 적이 없다. 부자가 되어야 한다고 가르쳐주시는 부모님이 없었다. 그 어디서도 부자가 되어야 한다고 말해주는 사람이 없었다. 그랬던 것이 아빠는 공무원이셨고 엄마도 맞벌이를 하셨지만 우리 집은 여유롭지 못했다.

"최고의 직업은 연금 받는 공무원이야."

"네 아빠 봐. 월급은 적어도 연금 있으니 엄마는 걱정 없다."

우리 부모님은 그저 남들처럼 평범하게 사는 것(꼬박꼬박 들어오는 월급봉투, 그 안에서 저축하고 사는 것)이 제일이라며 공무원이 되길 원하셨다. 내가 공무원이 되지 못하자 나의 배우자는 공무원을 만나길 원하셨다. 그리고 절대로 사업하는 남자는 만나지 말라고 하셨다. 어린 시절부터 이렇게 듣고 자라다 보니 나 역시 매달 꼬박꼬박 월급을 받는 것이 최고라고 생각하며 자라왔다.

하지만 내가 둘째를 임신 중일 때, 내 생각이 잘못되었다고 느끼게 된 사건이 있었다. 남편과 함께 부자학 강의를 듣게 되었는데 이 강의를 통해 나는 '자수성가'(물려받은 재산 없이 스스로의 힘으로 사업을 이룩하거나 큰일을 이룸)한 부자들에 대해서 알게 되었다.

미국의 조사 결과 미국의 백만장자 가운데 절반 이상은 부모에게 단 1달러도 받지 않았다고 한다. 그런데 그들은 어떻게 백만장자가 될 수 있었던 것일까? 그들에게 특별한 비법이라도 있는 것은 아닐까? 나는 자수성가한 부자들이 어떻게 부자가 될 수 있었는지 알아보고 싶었다. 그것은 바로 그들의 말버릇이다. 말이라는 것은 생각과 연결되어 있다. 내가 생각하는 것이 입으로 나오기 때문이다.

점심을 먹고 나서 커피가 한잔 먹고 싶었다. 입이 텁텁해 깔끔한 아메리카노가 마시고 싶었다. 하지만 평소 마시던 대로 주문을 했다.

"캐러멜마끼아또 주세요!"

얼마 후 주문대로 캐러멜마끼아또가 나왔다. 당신은 생각한다.

'아메리카노 마시고 싶었는데 되는 일이 하나도 없네!'

무언가 이상하다. 주문한 대로 커피가 나왔을 뿐인데 되는 일이 하나도 없다니…. 먹고 싶었던 아메리카노를 마시려면 어떻게 해야 할까? 당신이 생각하는 그대로이다. 내가 원하는 대로 '아메리카노 주세요!'라고 주문하면 되는 것이다.

서점에 가보면 '말'(사람의 생각이나 느낌 따위를 표현하고 전달하는 데 쓰는 음성 기호. 곧 사람의 생각이나 느낌 따위를 목구멍을 통하여 조직적으로 나타내는 소리)에 대한 책이 많이 나와 있는 것을 볼 수 있다.

"긍정적인 것이든 부정적인 것이든, 내 삶은 내가 주의와 에너지와 집중력을 쏟는 대상을 자연스럽게 끌어당긴다."

– 마이클 로지에, 『끌어당김의 법칙』

"좋은 말을 하면 좋은 일이 일어나고 나쁜 말을 하면 나쁜 일이 일어난다!" – 미야모토 마유미, 『돈을 부르는 말버릇』

이렇게 우리가 하는 말은 모두 이루어진다. 그만큼 말이 얼마나 중요한 것인지 알 수 있는 것이다.

『돈을 부르는 말버릇』 중에서 기억에 남는 글귀가 있다.

말에 향기가 있다면 어떨까?

"사랑해, 즐거워, 고마워, 감사해."

행복한 언어를 사용할 때는 꽃밭에 있는 것처럼 꽃향기가 나서 말하는 사람도, 듣는 사람도 기분이 좋아진다.

"짜증 나, 재수 없어, 운이 없어."

이런 불행한 언어를 사용할 때에는 똥 냄새처럼 지독한 냄새가 퍼지면서 서로 기분이 나빠지고 주위 사람들은 당신 주위로 오지 않을 것이다.

모든 것에 감사하라

무엇을 하든 잘 풀리는 사람과 무엇을 해도 일이 꼬이는 사람의 가장 큰 차이는 '감사'이다. 당신은 얼마나 감사하는가? 많은 사람들은 '좋은 일'이 생길 때에만 감사해한다. 하지만 '나쁜 일'에도 감사해보자. 나처럼 종교가 있는 사람들은 원하는 기도의 제목에 응답받았을 때 감사해한다. 하지만 응답받지 못한 기도에도 감사한다. 내 생각으로는 꼭 응답받아야만 하는 기도의 제목일지라도 하나님이 보시기에 그것이 하나님의 뜻에 합당한 기도가 아닐 수도 있기 때문이다. 그리고 당장 응답받지 못해 속상하기도 하지만 나중에는 하나님의 뜻이 결코 틀리지 않았음을 느끼기도 한다. 종교가 없을지라도 내가 나쁜 일이라고 여겼던 문제를 긍정적인 방향으로 생각했을 때, 그 안에서 교훈을 얻을 수도 있다.

UCLA와 마이애미대학(University of Miami)의 연구 결과에 따르면, 주간 단위로 감사하는 것을 적는 사람들은 그렇지 않은 사람들보다 더 밝고 낙관적인 것으로 나타났다고 발표했다. 심리학 저널지 『The Journal of

Psychology』에 발표된 연구는 이러한 결론을 뒷받침한다. '감사가 인간이 느끼는 가장 강력한 감정'이라는 것이다. 감사하면 뇌 좌측의 전두피질을 활성화해 스트레스를 완화시켜주고 행복하게 해주기 때문이다. 이러한 행복감은 일을 하거나 목표를 달성하는 데 매우 긍정적인 역할을 한다. 긍정적으로 생각하는 사람들은 업무를 잘해낼 수 있을 뿐만 아니라 상사로부터 좋은 평가를 받을 가능성도 높기 때문이다.

우리가 잘 아는 오프라 윈프리도 감사일기가 그녀의 성공에 밑거름이 되었다고 했다. 그녀는 엄청난 가난에 시달리고 있는 미혼모에게 태어났다. 그녀는 어머니가 아닌 할머니 손에 자라게 되었고, 삼촌에게 성폭행을 당해 14세의 나이에 그녀의 엄마처럼 미혼모가 되었다. 또한 그녀가 낳은 아이는 출산한 지 2주 만에 죽었다. 그 충격으로 가출했고 마약에 의지하며 살았다. 살고자 하는 의욕이 전혀 없었고 몸무게는 100kg이 넘었다. 이렇게 비참한 환경 속에서 살던 그녀는 감사일기로 삶을 바꾸었다. 하지만 그녀의 일기 속 내용은 특별하지 않다.

"나를 시원하게 감싸주는 부드러운 바람을 맞으며 플로리다의 피셔 섬 주위를 달린 것. 콘에 담긴 셔벗. 너무 달콤해서 손가락까지 핥아먹음."

이렇게 일상 속에서 감사할 내용을 적은 것이다. 그녀는 감사 일기를 통해 백인우월주의가 강한 미국에서 흑인으로 살며 〈오프라 윈프리쇼〉를 20년 넘게 낮 시간대 TV 토크쇼를 진행했고 시청률 1위를 고수했다. 타임지 선정 20세기의 위대한 인물, 포브스 선정 세계에서 가장 영향력 있는 인물이 되었다. 그녀의 프로그램은 미국 내 2,200만 명의 시청자, 전 세계 140여 국에 배급되었다. 『내가 확실히 아는 것들』에서 그녀는 이렇게 말했다.

"항상 감사하는 마음을 가지기는 쉽지 않다, 하지만 당신이 가장 덜 감사할 때가 바로 감사함이 가져다줄 선물을 가장 필요로 할 때다. 감사하게 되면 내가 처한 상황을 객관적으로 멀리서 바라보게 된다. 그뿐만 아니라 어떤 상황이라도 바꿀 수 있다. 감사한 마음을 가지면 당신의 주파수가 변하고 부정적 에너지가 긍정적 에너지로 바뀐다. 감사하는 것이야말로 당신의 일상을 바꿀 수 있는 가장 빠르고 쉬우며 강력한 방법이라고 나는 확신한다."

꼭 부자가 되지 않더라도 우리는 긍정의 말로 우리 아이들을 변화시킬 수 있다. 한 어머니는 학교에서 선생님께 이런 이야기를 들었다.

"아드님이 성적이 몹시 안 좋아요. 검사를 받아보세요."

눈물이 왈칵 쏟아졌지만 아들에게 이렇게 말했다.

"선생님이 너를 믿고 계시더구나. 넌 머리가 나쁜 학생이 아니라고. 조금만 더 노력하면 21등 했던 네 짝도 제칠 수 있을 거라고 하셨어."

아들이 중학생이 되었을 때 선생님은 이렇게 말했다.

"아드님 성적으로는 명문고에 들어가는 것은 좀 어렵겠습니다."

어머니는 아들과 집에 돌아가는 길에 이렇게 말했다.

"담임 선생님이 너를 무척 자랑스럽게 생각하시더라. 네가 조금만 더 노력하면 명문고에 들어갈 수 있다고 하셨어!"

아들은 끝내 명문고에 들어갔고 뛰어난 성적으로 졸업을 하게 되었다. 그리고 그 아들은 명문대학 입학 통지서를 어머니의 손에 쥐어드리고 엉엉 울며 이렇게 말했다.

"제가 똑똑한 아이가 아니라는 건 저도 잘 알아요. 어머니의 격려와 사랑이 오늘의 저를 만드셨다는 것을 저도 알아요. 감사합니다, 어머니."

이 내용은 대한민국 최고의 범죄 심리 분석관이었으며 2016년 경기도 용인에서 제20대 국회의원에 당선된 표창원 국회의원의 이야기이다. 이렇게 우리는 긍정적인 말 습관으로 엄마로서 내 아이를 성공으로 이끌 수도 있다. 오늘부터 사랑하는 아이에게는 "엄마는 너를 믿어."라고, 우리 가족을 위해 열심히 일하는 남편에게는 "당신은 무엇을 하든 잘될 거야.", 라고 나 자신에게는 "나에게는 늘 좋은 일만 일어난다!"라고 말해보자.

절대로 저축이 전부가 아니다

삶은 눈부신 선물이다. 그러니 삶에서 사소하거나 하찮은 건 없다.

– 플로렌스 나이팅게일(간호사)

부자들의 돈 쓰는 법

자수성가한 부자들, 그리고 모두가 말하는 성공한 사람들의 두 번째 비결은 바로 그들의 돈 쓰는 법이다. 『부자들은 왜 장지갑을 쓸까?』의 저자 카메다 준 이치로는 "돈을 쓰는 방식에는 주인의 사고방식, 가치관, 생활태도가 고스란히 드러난다."라고 했다. 돈이 모이는 사람과 그렇지 못한 사람의 차이는 '돈의 사용법을 컨트롤할 수 있는 힘' 때문이라고 말이다.

그는 돈에 대해서는 이렇게 이야기 했다. 돈은 소비, 투자, 낭비의 세

가지 성격을 가지고 있다. 소비란 만 원짜리 물건을 구입할 때 그 자리에서 바로 만 원의 가치가 손에 들어오는 것이다. 사무용품의 구입, 식료품 등의 구입을 말한다. 투자란 지불한 금액에 걸맞은 가치가 당장 손에 들어오는 것은 아니지만 미래에 어떤 식으로든 돌아올 것이 예상되는 사용법이다. 독서를 위해 구입하는 책들이 여기에 속한다. 낭비란 사용하면 그것으로 끝이고 다시는 손에 들어오지 않는 돈 사용법이다. 자기만족을 위해 사용하는 퇴근 후 마시는 술값, 취미생활에 빠져서 써버리는 돈이 이에 속한다. 예를 들어 게임에 푹 빠져서 아이템을 사기 위해 사용하는 금액이다.

『지금 당장 롤렉스시계를 사라』의 저자 사토 도미오는 이 책에서 부자들의 돈 쓰는 법에 대해 이야기하고 있다. 그는 '돈'이란 '교환권'에 지나지 않는다고 말했다. 그러나 상한선을 정해버리면 심리적으로 제동이 걸려 더 이상 돈이 늘어나지 않는다고도 말했다. 인간의 뇌는 가지고 싶다고 생각한 대상을 끌어들이도록 체계화되어 있기 때문이다. 우리는 '천만 원 모으기', '1억 모으기'라는 단순한 목표에 집착한다. 이렇게 목표를 정해놓으면 목표한 금액은 모을 수 있겠지만 그 이상의 돈을 모으지는 못한다. 부자가 되고 싶다면 처음부터 성장의 수준을 제한해서는 안 된다.

2004년 내가 처음으로 비서 생활을 시작했을 때, 그 당시 내가 모시던 사장님은 도곡동 타워팰리스(삼성그룹에서 건설한 대한민국 최초의 주상

복합 아파트. 2002년 입주부터 2010년까지 대한민국에서 가장 비싼 아파트였으며, 현재도 삼성동 아이파크와 더불어 대한민국 대표 고가高價 아파트로 꼽힌다.)에 살고 계셨고, 사장님의 차는 기사분이 있는 아우디(독일에서 만들어진 자동차로 전 세계 100여 개 국가에 진출하였고, 한국에서는 2004년 10월 5일 공식 영업을 시작했다.)였다. 평범한 가정에서 태어나고 자란 내가 처음으로 만났던 부자가 사장님이셨을 것이다. 영화 속에서만 봐오던 아우디를 처음 보았을 때, 그리고 사장님의 심부름으로 아우디에 처음 타보았을 때의 감동이 아직도 기억에 생생하다. 마치 '구름 속에 앉으면 이렇게 편안할까?' 싶을 정도로 사장님의 차는 너무나 안락했다.

사장님의 통장 업무까지 내 업무였기 때문에 어느 날 의도치 않게 사장님의 월급을 보게 되었는데 1,300만 원이 약간 넘는 금액이었다. 지금도 이 정도 월급은 큰돈이지만 2004년 당시 강남권 아파트 가격이 3~4억 원 선이었고, 중랑구와 은평구의 35평 아파트 가격이 1억 7,000~8,000만 원 수준이었으니 사장님의 1년 연봉은 서울 지역의 아파트 1채를 살 수 있는 큰 금액이었던 것이다.

그러나 사장님은 참으로 검소한 분이셨다. 현금을 쓰시고 나면 10원 한 개도 꼭 챙기셨으며 영수증도 하나하나 다 모으셨다. 지출할 일이 생기시면 이것저것 꼼꼼히 비교해보는 것은 물론이셨다. 이런 사장님께서 돈을 아끼지 않고 쓰시는 곳이 두 곳 있었으니 바로 여행과 후원이었다.

사장님께서는 자주 해외에 나가셨다. 출장도 있었지만 사모님과의 여행도 즐기셨다. 일에 지쳤을 때 재충전을 위한 여행을 즐기셨는데 여행은 꼭 KAL PAK(대한항공의 프리미엄 여행 브랜드로 멤버십만 이용 가능한 여행 상품)만 이용하셨다. 이러한 상품이 있다는 것도 처음 알았고, 조금이라도 싼 상품을 찾아 여행을 가는 나에게는 익숙하지 않은 모습이었다.

또한 월급날이 되면 나에게 꼭 시키시는 일이 있었다. 장로님이셨던 사장님께서는 월급이 들어오면 서울의 한 교회 통장으로 십일조 금액인 130만 원을 보내셨다. 그 교회의 목사님께서는 37세에 원인불명의 시각장애인이 되셨고, 본인과 같은 시각장애우들을 위해 사역하시는 분이셨다. 사장님은 본인이 다니지도 않는 교회에 매달 헌금을 하고 계시는 것이었다. 이뿐만이 아니다. 기독교방송을 즐겨보시는 사장님은 방송에 후원이 필요한 곳이 나오면 꼭 나를 불러서 후원금을 보내셨다.

이렇게 사장님께서는 자신의 만족만이 아니라 보이지 않는 미래를 위한 투자를 위해 돈을 사용했던 것이다.

돈에 관심을 가지되 집착하지는 말자

돈이란 최단거리로 다다를 수 있게 도와주는 재료이며, 지금 내가 가지고 있는 돈은 미래를 형성하는 꿈의 한 조각이다. 우리는 무언가가 실현되었을 때를 상상하며 가슴이 두근거렸던 경험이 있을 것이다. 이것이 바로 꿈의 정체이다.

아이들은 장난감을 좋아한다. 아들도 변신자동차 로봇에 한참 빠져있었던 때가 있었다. 하지만 아들은 장남감을 사달라고 조르거나 떼를 쓰지 않았다. 어떻게 보면 어른스러운 아이의 모습이 듬직해 보일수도 있지만, 아이가 원하는 것을 해주지 못하는 엄마의 마음은 안쓰러울 수밖에 없었다. 아마도 아이는 엄마아빠가 장난감을 사주기를 믿고 의심하지 않았던 것은 아닐까?

아이의 생일날 처음으로 변신자동차 로봇을 사주었다. 아이는 장난감을 받고 믿기지 않는 듯 얼어버렸다. 얼마 후 아이는 함박웃음을 지으며 기쁨을 주체하지 못해 장난감 상자를 들고 온 집안을 방방 뛰어다녔다. 아이는 자신의 꿈이 이루어지는 경험을 한 것이다. 간절히 원했던 장난감이 생겼던 그날 밤, 아이는 장난감을 꼭 안고 잠이 들었다.

이렇듯 부자가 되고 싶다면 부자가 되는 기쁨을 느껴야 하는 것이다. 돈을 많이 벌고 싶고 부자가 되고 싶다면 '부자가 되고 싶다고 생각하고 그렇게 될 것을 의심하지 않아야 한다.' 그러나 우리는 부자가 되지 못했다. 부자가 되고 싶다는 꿈을 꾸지 않았거나, 내가 부자가 될 것이라는 것을 믿고 의심하지 않는 일이 어렵기 때문이다.

어릴 때에는 원하는 것이 있을 때도 떼를 쓰지 않던 큰아이가 어느 순간 원하는 것을 얻지 못하자 이렇게 말했다.

"엄마, 우리 집에는 돈이 없구나?"

동생이 장난감을 갖고 싶어 떼를 쓸 때 동생에게도 이렇게 말했다.

"우리 엄마는 돈 없어."

이렇게 말한 것은 무의식중에 내가 한 말 때문이었을 것이다.

'엄마는 돈 없어서 안 돼. 엄마는 돈이 없잖아.'

내가 내뱉었던 그 말. 앞에서 "우리가 하는 말은 모두 이루어진다."라고 했다. 우리가 돈이 없다는 생각을 계속 떠올렸고, 입술로 내뱉었기 때문에 우리의 뇌는 잘못된 정보를 입력한 것이다.

내 머릿속에는 항상 돈 문제가 떠나지 않았다. 나는 항상 돈에 안달하는 사람, 돈에 휘둘리는 사람이었던 것이다. 하지만 돈이 충분히 있는 것 같지 않은데 어딘가 여유로워 보이는 사람들이 있다. 이 사람은 돈에 휘둘리지 않는 사람이기 때문이다. 돈에 휘둘리는 사람은 금액에 상관없이 '이것밖에 없다.'라고 생각한다. 돈에 휘둘리는 사람과 그렇지 않은 사람은 마음가짐이 다르기 때문이다. '이것밖에 없다.'가 아니라 '이만큼이나 있다.'라고 생각한다면 우리는 돈에 휘둘리지 않는 사람이 될 수 있는 것이다. 100만 원이 필요한데 50만 원밖에 없을 때, 나머지 50만 원을 마련할 방법에 대해 생각할 수 있지만 돈에 휘둘리는 사람은 다음 단계까지 생각이 미치지 않는다.

"당신은 얼마만큼의 돈이 있어야 부자라고 생각합니까?"

이 질문의 답에 대한 생각과 기준은 사람마다 다를 것이다. 하지만 '이만큼이나 있다.'라고 생각한다면 지금은 충분하지 않더라도 내가 생각하는 부자로 가는 길이 조금은 빨라질 수 있을 것이다. 돈에 관심을 가지되 돈에 집착하지 않는 것, 돈에 대한 바른 사용법이 저축보다 중요한 부자가 되는 비결이다.

나를 위로해준 것들

영화 〈악마는 프라다를 입는다〉

한참 비서로 일하고 있을 때 개봉했던 영화다. 나름 열심히 하는 것 같은데 인정을 못 받는 것 같다는 느낌이 들 때 다시 한 번 나를 돌아보게 만들어 주었다.

"You are not trying. You are whining."

너는 노력하고 있지 않아. 징징대고 있지.

"You can see beyond what people want and what they need and you can choose for yourself."

넌 남들이 뭘 원하는지, 뭘 필요로 하는지 알지. 그리고 너 스스로 결정할 줄도 알지.

똑같은 시간, 다르게 살아가는 이유

삶은 당신이 만들어가는 것이다. 항상 그랬고 앞으로도 언제나 그럴 것이다.

– 애너 메리 로버트슨(화가)

지금 실행하라

당신에게 가장 큰 영향력을 끼친 사람은 누구인가? 어린 시절에는 부모님이나 선생님께 가장 많은 영향을 받을 것이다. 그러나 성인이 된 이후에는? 나에게는 멘토님이라 부르는 '부(富)'에 대한 가장 많은 영향을 주고 계속해서 영향을 주고 있는 분이 있다.

2014년 어느 날, 내가 가입한 인터넷 카페에 올라온 글로 멘토님을 처음 만났다. 나와 같은 나이. 같은 성별. 그러나 전업주부로 둘째아이를 임신 중이었던 나. 학원을 운영하고 있던 그녀는 나와는 너무나 다른 삶을 살고 있는 사람이었다. 우리는 같은 해에 태어나 같은 시기에 학교를 다녔고 같은 시대 속에 살고 있는데 그녀와 나는 무엇 때문에 다른 사고방식을 가지게 되었으며 다른 삶을 살고 있는 것일까? 부자라고 불리는 사람들의 비결은 바로 '실행력'이다.

카페에서만 그녀의 글을 읽던 나는 2014년 4월 그녀의 부자학 강의에 참석하게 되었다. 물론 남편과 함께였다. 몇 번이나 그녀에 대해 이야기했지만 남편은 별 반응을 보이지 않았다. 나는 무슨 용기였는지 남편과 나의 이름으로 강의 신청을 하고 한 사람에 20만 원이나 하는 강의료를 입금했다.

"강의료가 얼마라고? 한 사람에 20만 원?"

아마도 많은 사람들이 강의 금액에 놀랄 것이다. '강의를 돈 주고 듣는다고? 미쳤네….'라고 생각하는 사람들도 있을 것이다. 아마 그 당시 강의 금액을 남편에게 말했다면 나도 같은 대답을 들었을 것이다. 하지만 나는 그 당시 우리 둘의 강의 금액 40만 원이 절대로 아깝지 않다고 생각했다. 나는 그녀의 글을 통해 그녀가 어떻게 살아왔는지를 알고 있었고, 이 기회가 아니면 내가 변할 수 없을 것이라고 생각했다. 그만큼 나는 간절히 원했기 때문에 금액은 문제가 되지 않았다. 나에게는 오직 둘째의 출산일이 다가오기 전에 그녀를 만나야 한다는 생각뿐이었으니까.

남편에게 아무것도 묻지 말고 나와 함께 가주기를 부탁했다. 다행히도 남편은 나의 부탁을 들어주었고, 남편과 강의 장소에 도착하는 것에 성공했다. 그러나 나는 계속 불안했다. 강의를 듣는 내내 남편의 반응을 살필 수밖에 없었다. 하지만 나의 예상과 달리 남편도 강의에서 무언가를 느낀 듯했다. 그리고 우리는 그날 밤 집으로 돌아오면서 계속 강의 내용과 우리의 미래에 대해서 이야기를 나누었다. (물론 아직까지도 그날 강의료는 남편도 모르고 있다.)

우리는 '무료', '공짜'라는 단어에 반응 속도가 엄청나게 빠르다. 피아노를 전공한 남편(대학에서 피아노를 전공했고, 재즈아카데미도 수료했다)은 교회에서 반주자로 활동하고 있는데 재능 기부로 반주법을 학생들에게 지도했던 적이 있었다. 강의료는 물론 공짜였고, 반주법을 배우고 싶어 하는 친구들의 부탁으로 남편이 시간을 내 만든 강의였다. 비용이 들어가지 않으니 첫 시간엔 많은 친구들이 모였다. 본인들이 원한 강의였으니까 말이다. 하지만 이 인원이 끝까지 강의를 들었을까? 결론부터 말하자면 아니다. 남편은 계획한 몇 주의 강의를 마치지도 못하고 그만두어야 했다. 그 이유가 무엇일까? 처음엔 많이 모였던 학생들이 한 주, 두 주 지나면서 나오지 않았기 때문이다.

"무료 강의였는데 학생들이 나오지 않았다고?"

이해가 되지 않을 것이다. 그러나 나는 당연한 결과였다고 생각한다. 우리는 '무료'라는 것에 빠른 반응을 보이는 것만큼 빠른 싫증을 느끼기 때문이다. 내 돈이 들어가지 않으니 아깝게 느껴지지 않고, 그만큼 열정을 쏟지도 않는 것이다.

만약 남편이 시간당 강의료를 받았거나 과정에 합당한 강의료를 받았다면 어땠을까? 아마 내 돈이 들어갔기 때문에 어떻게 해서든 시간을 내어 강의를 들으러 왔을 것이다. 하지만 남편이 봉사하는 마음으로 개설했던 무료 강의에는 간절함이 있는 친구들이 없었다. 본인들이 원했던 강의였지만 그들에게는 친구들과의 약속, 학교 과제가 더 중요했고, 그나마 시간을 내어 강의를 들으러 왔던 몇몇 친구도 전혀 준비가 되지 않은 상태로 왔던 것이다.

내가 들었던 '20만 원' 강의와 남편이 가르쳤던 '무료' 강의 중 어느 쪽에 모인 사람들이 더 의욕적이고 열정적일까? 20만 원의 강의료를 내는 사람들이 더 열정적이고 의욕이 넘칠 수밖에 없다. '돈' 있는 사람들이 열정적이라는 뜻이 아니다. 20만 원의 강의료를 지불하는 사람들은 '자신의 성장을 위해 과감히 투자할 수 있는 사람들' 혹은 '간절히 변화를 바라는 사람들'인 것이다. 그러한 사람들이 모인 곳에는 긍정의 기운이 가득 넘칠 수밖에 없는 것이다.

그것이 무엇이든 지금 당장 실행하라

남편과 함께 40만 원이라는 금액을 투자한 나는 그 뒤에 변화할 수 있었을까? 반은 맞고 반은 틀리다고 말할 수 있다. 강의 후에 우리는 새로운 시각, 새로운 생각으로 세상을 볼 수 있게 되었다. '투자'라는 돈의 사용법에 의해 같은 돈을 다르게 사용하게 되었고, 강의를 듣는 것에서 그치지 않고 실행에 옮겼다는 점에서 반은 맞았다. 하지만 아직까지 우리는 부자가 되지 못했기에 반은 틀렸다.

나는 아직도 그녀를 만났던 2014년과 현재의 모습이 많이 다르지 않다. 그녀는 어떨까? 그녀는 지금 100억대 자산가가 되었다. 그녀가 운영하는 학원은 수강생 10명으로 시작해 지금은 100배 성장한 1,000명의 수강생이 모이는 학원이 되었다. 그리고 그녀는 학원장에서 그치지 않고, 온라인 사업, 부동산 사업, 그리고 동기부여가로도 활동하고 있는 중이다. 그녀와 나는 무엇이 다른 것일까?

100억대 부자라고 하면 어떤 사람이라고 생각되는가? 그녀는 칼럼에서 자신을 이렇게 표현했다.

"저는 철두철미하고 완벽한 사람일까요? 사실 저는 항상 누가 챙겨줘야 잘 살아가는 사람입니다. 엉성하고 어리버리하고 블라우스마다 치약이 묻어 있지요. (저도 이유를 모르겠습니다.) 가끔 학생들이 저의 머리카락에 붙어 있는 밥풀을 떼어주고는 합니다. 가격표가 붙은 채로 니트를 입고 하루 종일 돌아다닌 적도 있고 심각한 길치이기도 하지요. 이렇게 저는 완벽주의와는 아주 거리가 먼 사람입니다."

– 네이버카페 〈100억 종이〉, 칼럼 "100명 중에 한 명이 부자가 됩니다(2탄)"

2017년 한국경제연구원에서 발표한 자료에 따르면 2017년 우리나라 근로자 평균 연봉은 3,475만 원이었다. 상위 10%의 연봉은 6,746만 원이었다. 연봉 8,000만 원에서 1억 미만은 상위 3.4%, 억대 연봉자는 상위 2.9% 연봉 3억 이상이면 상위 1%에 속했다. 그리고 100명 중에 1명이 부자가 된다고 한다.

자수성가한 젊은 부자가 책을 냈다. 그 책을 만 명이 넘는 사람이 읽었고, 그 부자는 성공학 강의를 열었다. 만 명 중에 500명이 그 강의를 들으러 간다. 부자는 자신의 성공비법과 그 과정을 설명했지만 500명 중 300명은 나와 맞지 않는다며 강의가 끝나고 술집으로 가서 술을 마셨다. 200명은 열린 마음으로 강의를 들었고, 강의로 인하여 자신의 의식이 확장됨을 느꼈다. 집으로 돌아와서 목표를 세우고 해야 할 일을 적기 시작했다. 책을 주문해서 줄을 그으며 읽고 관련 분야의 성공한 이들을 찾아가봐야겠다고 생각했다. 또 모아야 할 종잣돈의 금액을 계산하고 내일부터 1년짜리 적금도 만들어야겠다는 생각을 하며 200명 중 100명이 실제로 실행에 옮겼다. 그리고 그 100명이 지금 부자가 되었다. 나머지 9,900명은 전과 비슷한 삶을 살며 여전히 같은 고민을 한다.

그때 강의를 들으러 갔다면, 그때 부자들의 책을 읽었더라면, 그때 회사를 나와서 내 사업을 했다면, 그때 전단지를 만들어 거리에서 나누어주었다면, 그때 한 달에 10만 원이라도 적금을 들었다면, 그때 그 카페를 인수했더라면, 그때 홈페이지를 만들어 내 동영상 강의를 찍어서 올렸더라면, 그때 과감히 비행기 표를 끊고 뉴욕을 갔었더라면, 그때 내 책을 냈었더라면, 그때 열린 마음으로 그 사람의 조언을 들었더라면, 그때 이불을 박차고 나와서 그 사람을 만났었더라면….

나는 한 번도 부자가 되어야겠다고 생각한 적이 없었지만 나의 멘토인 그녀는 가난할 때도 부자들을 부러워했고 그들을 보면 가슴이 뛰었다고 말했다. 나와 그녀의 다른 점은 실행력의 차이다. 나는 강의 후 가슴 뛰는 경험까지는 했지만 그 이상을 해내지 못했다. 하지만 그녀는 자수성가한 젊은 부자의 방법을 실행하며 부자가 된 것이다. 부자가 되고 싶다면 지금 당장 실행해야 한다. 그것이 무엇이라도 말이다.

나만의 도구를 발견하라

우리는 진정 원하는 것에 온전히 집중할 때, 비로소 성장할 수 있다.

– 빌 버넷(스탠포드대학 교수)

단 한 가지 도구

나의 리치멘토(나는 그녀를 리치멘토라 부른다. 이제부터는 그녀 대신에 리치멘토라 부르겠다)는 부자인 부모에게서 태어나지도 않고, 불법적인 방법으로 돈을 벌지 않았지만 30대에 이미 자수성가한 젊은 부자가 되었다. 그녀는 어떻게 부자가 된 것일까?

리치멘토는 평범한 사람이 부자가 되는 방법을 '나만의 도구를 가지는 것'이라고 했다. 나만의 도구를 연마하고 갈고 닦아서 내 손에 쥐고 있으면 부자가 되기 위한 가장 중요한 자격을 갖춘 것이라고 말이다. 이것은 아주 평범하고 누구나 알고 있는 것이지만, 생각보다 많은 이들이 가장 중요하고 당연한 원리를 모르거나, 알고 있더라도 가볍게 넘어가려 한다. 처음엔 외형적으로 성장해나가는 듯하지만 빠르면 6개월, 늦어도 2~3년 안에 대부분을 잃고 다시 원점으로 돌아오게 된다고 한다. 오히려 그 과정에서 빚을 지게 되면서 원점이 아닌 마이너스로 내려가게 되는 경우도 많다고 한다. 이것은 나만의 도구를 먼저 충분히 연마하지 않아서 오는 문제이기 때문이다. 아래는 리치멘토가 2014년에 쓴 칼럼이다.

"나는 불과 9년 전까지만 해도 아르바이트로 생활을 이어가던 가난한 대학생이었다. 그러나 지금은 상가 점포들 3~4개와 아파트 몇 채를 보유한 작은 부자가 되었습니다. 매년 한 달 이상은 해외 여행을 가지요.

인생을 반전시킬 수 있었던 비결이 무엇일까요? 친화력? 4년제 대학 졸업장? 다양한 알바 경험으로 인한 사회성? 친근한 옆집 누나 같은 외모? 1년 어학연수를 통해 얻게 된 간단한 영어회화 실력? 상담 능력? 글쓰기 능력? 아닙니다. 언급한 요소들이 저의 성공에 조금씩 도움은 주었겠지요. 그러나 이것들은 어디까지나 '꼽사리'입니다. 메인이 아니라 깍두기란 말입니다.

저를 부자로 만들어준 것은 제가 가지고 있는 '국어영역 지식과 강의기술'입니다. 이것은 제가 가지고 있는 가장 기본적이고 강력한, 단 한가지의 도구입니다.

물론 호기심이 유독 많았던 저는 5년 동안 부동산 매물을 보러 다니는 등, 부동산 분야에도 관심이 많아 공부를 했고, 주식에서도 코스피 종목들의 3분의 1은 머릿속에 가지고 다닐 만큼 공부를 했습니다. 알렉산더 엘더라는 저자의 책은 고등학생 때 성문 기초 영문법보다 더 열심히 줄을 그으며 공부를 했지요.

옷가게도 2년간 운영하느라 동대문은 눈감고도 다닐 만큼 사입시장을 알고 있고 네일샵도 운영했기에 네일 도구와 제품은 남대문 경안사에서 가지고 와야 함을 알고 있습니다. 그러나 돌아보면 이러한 저의 분야가 아닌 다른 지식들은 저를 부자로 만들어 준 결정적인 요소는 아니었습니다. 오히려 자산을 모으는 시간이 조금씩 지체가 되었지요.

저를 성공으로 이끈 것은 단 한 가지 도구 '고등학생들에게 가르칠 수 있는 국어 영역 지식과 강의 스킬'이었습니다. 이것이 전제되었기에 학원 강사님들 채용도 순조롭게 할 수 있었고 학원 운영과 성장 과정에서 오는 여러 가지 리스크도 막아낼 수 있었습니다. 학원 운영 3년 차, 믿었던 강사 1명이 학생들을 싹 다 데리고 근처에 교습소를 차렸을 때 며칠간만 흔들리다가 다시 3개월 이내에 정상화시킬 수 있었던 것도 바로 제가 이 도구를 가지고 있었던 덕분이었습니다. 저에게 이 도구가 없었다면 아마 이미 수많은 시련과 벽들에 부딪혀서 학원 문을 닫았을 것입니다.

다른 분들의 예를 들어볼까요? 이번년도 마지막 강의에 오셨던 회원분 중에 한 달에 1억 가까운 매출을 올리는 분이 있었습니다. 1년 수익이 아닌 한 달 매출 말입니다. 저는 강의 전에 미리 강의를 들으러 오시는 분들의 사전 조사지를 꼼꼼히 읽어보는데 사실 처음에 이분이 이메일로 보내주신 사전 조사지에 잘못 기재하신 줄 알았습니다. 본인의 월 순수익이 엄청났습니다. 월수입을 적는 란을 연봉으로 이해하고 적으신 줄 알았지요. 연봉이라고 해도 많은 금액이었습니다. 게다가 이분은 28세 젊은 청년이었습니다. 그러나 혹시 몰라서 이분 사업관련 블로그에 들어가보니, '아! 맞구나.' 하는 것을 직감했습니다. 블로그에 직접 써놓으신 여러 가지 글만 읽어보고 무언가 확실히 다르다는 것을 느꼈습니다. 그 나이에 갈기 쉽지 않은 여러 가지 센스가 모든 글에 묻어났습니다.

그분이 가지고 있었던 단 한 가지 도구는 바로 '줄눈 코팅'이었습니다. 저도 처음엔 생소한 개념이었습니다. 그래서 좀 더 찾아보니 대리석이나 타일 사이사이에 때가 묻지 않고 깨끗하도록 하는 시공을 일컫는 말이었습니다. 강의 때 그분을 만나길 저 또한 고대했습니다.

드디어 강의 날, 그분이 맨 앞에 앉아 계시길래 제가 떨리는 마음으로 여쭈어 보았습니다.

"혹시, 부모님이 하시던 사업을 물려받으신 건지?"

그분은 빙그레 웃으시며 아니라고 하셨습니다. 20대 초반부터 아무것도 없는 맨땅에서 시작을 했고 공사장에서 일을 배우면서 기술을 계속 배우고 연마했다고 했습니다. 그리고 3년 만에 사업을 시작했고 2년 반 만에 아주 빠르게 성장을 해서 스스로도 놀랍고 감사하다고 하셨습니다. 공사장에서 일을 배울 때 신었던 닳아빠진 운동화는 지금 본인의 보물 1호라고 하시더군요. 이렇게 단 한 가지 도구는 잘 갈고 닦여만 있으면 짧은 기간에 성공을 가져다주기도 합니다.

단 한 가지 도구는 어떤 것이라도 좋습니다. 학생을 가르칠 수 있는 능력, 세무 지식, 중국어 실력, 영어 실력, 맛있는 수제 햄버거를 만드는 레시피를 5개 이상 알고 있음, 전기세를 절약하면서도 뭔가 있어 보이는 LED간판 제작, 대학 입시 컨설팅 실력과 지식 등등 모든 것이 단 한 가지 도구가 될 수 있습니다.

저는 이번에 우리 학원 고3 학생들의 대학교 원서를 같이 쓰면서 우리나라의 현재 입시 제도가 대학별로 너무나 세분화되고 복잡하다는 것을 다시 한 번 체감했습니다. 제가 도울 수 있는 선에서 최대한 도와주고 부족하다 싶으면 입시 컨설팅 전문가를 연결해주었는데, 그분들이 한 학생당 컨설팅 비용을 50만 원에서 150만 원까지 받는다는 것을 알게 되었습니다. 한 명당 70만 원의 컨설팅 비용을 받는다고 할 때, 수시 원서를 준비하는 8~9월 2개월 동안 100명 정도의 학생을 컨설팅해주고 두 달 만에

7천만 원이라는 적지 않은 돈을 버는 것입니다. 2개월 만에 7,000만 원을 번다니…. 그것도 자본이 전혀 들지 않고?

어떤 분은 너무 쉽게 돈을 버는 것이 아니냐는 의문을 가지기도 하지만 그만한 컨설팅 실력을 쌓기 위해 50개가 넘는 수도권 대학의 각각 다른 학생부 종합, 학생부 교과, 논술 전형, 적성 전형에 대한 세밀한 요건을 모두 암기하고 공부했을 것입니다. 각 대학의 입학처장을 찾아가서 인맥을 다지고 술잔을 기울이며 정보를 얻는 과정도 있었겠지요. 매년 입시 기준이 달라지기에 매년 그 작업을 다시 처음부터 해야 합니다. 또한 컨설팅을 받고난 후의 합격한 학생과 불합격한 학생들의 기록들을 엑셀로 보관하고 다시 스스로 피드백하며 연구할 것입니다. 그만의 도구를 확실히 갖추어야 한 달 수입 3,000만 원도 가능하다는 이야기입니다.

그렇다면 이 한 가지 도구만 있으면 모두 부자가 될까요? 그렇지는 않습니다. 이 한 가지 도구는 부자가 되기 위한 필요조건이지만, 충분조건이 되지는 못할 수 있습니다. 부자가 되기 위해서는 나만의 한 가지 도구를 확실히 갖춘 다음 아까 초반부에 제가 말한 꼽사리 3~5개 정도가 더 필요합니다.

부동산 지식이 있고 공인중개 자격증이 있다고 가정해봅시다. 일단 큰 도구는 내 손에 쥔 셈입니다. 문제는 공인중개 자격증이 있는 사람이 몇만 명이라는 것입니다. 때문에 그들이 가지고 있지 않은 부수적인 것이 추가되어야 합니다.

수익형 부동산에 대한 매물을 누구보다 많이 가지고 있다든지 일반인 대상으로 매달 1회 이상 세미나를 연다든지, 부동산 관련 책을 써서 출간을 했다든지, 블로그를 탁월하게 운영한다든지, 승마클럽에서 오랫동안 활동하면서 자산가들 인맥을 많이 쌓았다든지, 지방의 모텔 매매만 전문적으로 한다든지, 간단한 인테리어, 구조 변경도 가능해서 내가 매매한 물건들의 자산 가치를 업그레이드할 수 있다든지….

이러한 요소가 가미가 된다면 이제 드디어 우리가 바라던 부자의 길에 들어서게 될 것입니다. 그러나 Extra 전에 Main임을 잊지 않아야 하겠습니다. 맛있고 건강한 햄버거를 5개 이상 숙련되게 만들 수 있는 실력을 쌓고 디저트 메뉴를 섭렵하기 전에 먼저 가게를 계약하고 인테리어해서는 안 됩니다. 적어도 6개월~1년 동안 학원에서 교재도 만들고, 까다로운 1등도 가르쳐보고, 수업 시간 도중 아무렇지도 않게 '똥 싸고 올게요!'라며 강의실 바깥을 나가는 날라리 학생도 가르쳐보고 나서야 비로소 나만의 도구가 만들어집니다. 그 전에 선불리 입시 학원을 차려서는 안 됩니다.

여러분의 단 한 가지 도구는 무엇인가요? 아직 그 도구가 없다면 어떤 도구를 가지실 건가요? 시간이 조금 더 지체되고 느려지는 것 같아도 그 강력한 도구만 손에 쥐게 된다면 그 뒤로는 달리는 말 위에 앉은 것처럼 진행속도가 빠를 것입니다."

– 네이버카페 〈100억 종이〉, 칼럼 "평범한 사람이 부자가 되는 길–단 한가지 도구"

나를 위로해준 것들

김범수, '지나간다'

지금 풀리지 않는 문제로 힘들어하고 있다면 이 곡을 추천한다. '지나간다. 이 고통은 분명히 끝이 난다.'라는 가사처럼 우리의 아픔도 끝이 있고 웃으며 말할 수 있는 그때가 반드시 온다.

감기가 언젠간 낫듯이 열이 나면 언젠간 식듯이
감기처럼 춥고 열이 나는 내가 언젠간 나을 거라 믿는다
얼마나 아프고 아파야 끝이 날까
얼마나 힘들고 얼마나 울어야 내가 다시 웃을 수 있을까
지나간다 이 고통은 분명히 끝이 난다
내 자신을 달래며 하루하루 버티며 꿈꾼다

돈보다는 사람을 놓치지 마라

우리가 꿈꾸는 것 중에 참 많은 것이 처음엔 불가능한 듯 보인다.
그러나 의지를 발휘하면 그 꿈은 이내 곧 피할 수 없는 것으로 다가온다.
– 크리스토버 리브(영화배우, 감독)

성공한 사람들은 무언가 특별한 것이 있다

나의 리치멘토는 부자의 길에 들어설 수 있었던 도구도 가졌지만, 내가 느끼기에 그 도구만으로 부자가 된 것은 아니다. 내가 느낀 리치멘토는 사람을 대하는 방법에서도 그녀만의 특별함이 있다. 내가 리치멘토를 다시 만난 것은 2018년 11월의 어느 날이었다. 내가 극심한 자괴감을 느끼고 나의 자존감이 지하 100층으로 들어간 것 같았던 그때, 나는 다시 리치멘토를 만나야 한다고 생각했다. 나 자신도 무엇을 해야 할지 몰랐던 그때, 지푸라기라도 잡는 심정으로 멘토를 찾았던 것이다.

물론, 쉬운 결정은 아니었다. 4년 만에 리치멘토는 더 큰 부자가 되었고 더 성장했지만 나는 아직도 4년 전 그 모습 그대로였으니 말이다. 아니, 나이는 더 먹었고 자신감은 다 상실해버린 아줌마가 내 모습이었다. 그렇지만 여기서 멈출 수는 없었다. 나는 한 치 앞도 볼 수 없지만 멘토라면 내가 가야할 길을 알려줄 수 있을 것이라고 생각했다. '멘토가 시키는 것이라면 무엇이든 해야만 한다는 간절함을 가지고 그녀를 만나러 갔다.

하지만 멘토를 만나기 전 내 마음은 산산이 부서져버렸다. 리치멘토는 만삭의 임산부였다. 나를 위해 귀중한 시간을 내어준 멘토에게 작은 선물을 준비했다. 배 속의 아이가 예쁜 것만 보았으면 하는 마음에서 책상에 놓을 수 있는 작은 드라이플라워 화분을 준비해서 무거운 발걸음을 한 발 한 발 내딛으며 그녀의 사무실에 도착했는데, 멘토를 만나는 곳 10m 전, 손에 들고 있던 화분이 와장창 깨져버렸다….

그때의 비통한 심정은 말로도, 글로도 표현을 할 수 없다. 다시 돌아갈 수도 선물을 다시 살 수도 없이 그녀의 사무실로 들어갔고, 나는 깨진 화분과 꽃을 선물로 드릴 수밖에 없었다. 깨진 화분을 선물 받는 기분은 어떨까? 내가 울며 선물을 드렸을 때 멘토는 나를 이렇게 위로해주었다.

"속상해하지 마세요. 더 좋은 일이 생길 거예요! 주신 꽃은 제가 다시 예쁜 꽃병에 넣을게요."

이것이 처음이 아니다. 내가 항상 힘들고 어려울 때, 메일을 보내면 멘토는 항상 응원을 해주었다.

"지금도 잘하고 계세요. 앞으로는 더 잘될 거예요."

리치멘토는 나뿐만이 아니라 주변의 모든 사람에게 이렇게 예쁜 말을 해주는 사람이다. 말뿐만이 아니라 행동으로도 보여주는 사람이다.

멘토의 학원에는 특별한 행사가 하나 있다. 학원의 모든 학생이 중간고사, 기말고사가 끝나는 날 열심히 공부한 아이들, 강사들을 위해 학원 옥상에 출장 뷔페를 불러주는 것이다. 작년 중간고사가 끝나고 나서는 바비큐 파티를 열었는데 100kg짜리 통돼지 두 마리가 행사 시작 25분 만에 없어졌다고 한다. 결국 치킨 40마리, 피자 40판, 탕수육 10접시를 더 먹고 나서야 행사가 끝났다고 한다. 이뿐만이 아니다. 수고한 강사들, 모든 학원 근무자는 물론 미화를 맡아주시는 분들과도 함께 해외 워크숍을 떠나고 회식도 함께하는 학원의 원장님이 바로 나의 리치멘토이다.

그녀의 일화를 하나 더 소개한다.

"학생 중에 부모님의 이혼으로 어머님이 안 계신 아이가 있었습니다. 언젠가 비 오는 날 다른 친구 엄마들이 교문 앞에 우산을 들고 기다리는 것이 너무나 부럽다는 이야기를 듣고 몇 달 후 비가 오는 날 학생의 학교 정문 앞으로 가서 우산을 들고 기다렸습니다. 일부러 다른 이야기로 문자를 주고받으면서 정문으로 나오는지, 후문으로 나오는지 물어보았는데 전혀 눈치를 못 채더군요.

비가 많이 와서인지 역시 수많은 어머님이 자녀들을 기다리느라 북새통인 교문 앞에서 제 학생이 나오는 걸 발견했습니다. "○○아! 여기여기."라고 부르는데 자기 이름 부르는 소리에 그 학생은 두리번두리번거리더니 손을 마구 흔들고 있는 저를 발견했습니다. 엄청 반가워할 줄 알았는데 제가 여기 왜 있는지 이유를 모르더라고요.

"선생님, 여기 왜 있어요? 주변에서 무슨 볼 일 있으셨어요?"

"비 오는데 너 우산 없을 거 같아서. 히히. 우산 같이 쓰고 너랑 순대 먹으러 가려고 했지."

저도 좀 멋쩍어서 씨익 웃었습니다. 그런데 힝 하면서 갑자기 엉엉 우는 거예요. 이 아이가 저의 평생 팬이 되었습니다. 어딜 가나 '우리 선생님이' 하면서 자랑을 하고 다녔습니다. 물론 저도 이 아이가 너무 좋았습니다. 그리고 지금도 생각만 하면 보고 싶습니다.

그때가 제 나이 스물여섯이었고 그때 중3이었던 그 여학생은 지금 외국 유학에 가서 열심히 성장하고 발전하고 있습니다. 유학 가기 전에 제가 학교 앞에서 전단지 돌릴 때에도 이 여학생은 대학생이 되어서도 항상 제일 먼저 와서 저를 도와주곤 했습니다. 지금은 선생님과 제자가 아닌 자매 같은 사이가 되었습니다.

어버이 날에 우리 강사님들 어머님 드리라고 화장품 세트를 백화점에서 준비합니다. 강사님들께서도 좀 의아해하시기도 하고 감동하시기도 합니다. 그리고 나중에 저에게 한마디 문자가 옵니다.

"원장님, 우리 어머니가 그러시는데요!^^ 이 학원 끝까지 근무하래요."

– 네이버카페 〈100억 종이〉, 칼럼 "경제불황 속에서도 잘되는 곳은 더 잘되는 이유–나는 이렇게 했다(2탄)"

이렇게 리치멘토는 자신의 주변 사람뿐만 아니라 그 가족까지 챙기는 마음이 넓은 분이다.

소중한 사람에게 가치 있게 돈 쓰는 법

내가 비서로 근무했을 때 모시던 임원분 중에서도 직원들을 잘 챙겨주시는 임원분이 생각난다. 당시 나는 3명의 임원을 함께 모시고 있었는데 그분들은 서로 눈치를 보느라 일을 많이 맡기지 않으셨다. 같은 직급이지만 나이가 제일 어리고, 신입 임원이라 눈치를 보며 일을 가장 적게 시키시던 임원이 하루는 아주 조용히 나를 부르셨다. 그리고 이렇게 말씀하셨다.

"우리 팀 매니저들(당시 내가 다니던 SK그룹에서는 직급을 없애고 매니저라는 호칭을 사용했다.)결혼기념일 조사 좀 부탁해."

(다행히 임원분의 팀에는 싱글이 없었다.) 나는 상무님 방에서 나오자마자 직원 한 분 한 분에게 결혼기념일을 물었다.

"ㅇㅇ매니저님, 결혼기념일이 언제세요?"

이렇게 질문하면 다들 당황해하셨다.

"제 결혼기념일은 왜 물어보세요(내가 지금 무슨 질문을 받은 거지??라는 표정으로..)?"

"상무님 지시사항입니다."

이렇게 말씀을 드리면 마지못해 날짜를 알려주셨다. 사실 결혼기념일을 물어봐달라고 하셨을 때 나도 같은 생각이었다. 매니저들 생일도 아니고 결혼기념일은 왜 물어보시는 걸까? 너무나 궁금했지만 여쭤볼 수는 없었다. 모든 매니저님의 결혼기념일 조사를 마친 후 상무님 책상 달력에 빨간색 펜으로 '○○매니저 결혼기념일'이라고 적어놓았다. 그리고 얼마 후 나는 그 이유를 알 수 있었다.

"김 비서, 오늘 ○○매니저 결혼기념일이지? 꽃바구니랑 케이크, 샴페인 한 병 ○○매니저 집으로 배송 부탁해."

상무님은 직원들의 결혼기념일에 자비로 선물을 보내주셨던 것이다. 제일 처음 그 선물을 받으신 매니저님은 다음 날 출근을 하자마자 상무님의 선물에 대해 직원들에게 이야기하기 시작했다.

"상무님이 결혼기념일이라고 선물을 보내주셨더라고. 아내가 얼마나 좋아하던지!"

그 말을 들은 직원들은 본인들의 결혼기념일에도 받을 수 있는 것이냐며 나를 찾아오셨고, 옆 팀 직원분들은 부러움 가득한 눈으로 쳐다만 보셨다. 1년 동안 모든 매니저는 결혼기념일에 상무님의 선물을 받을 수 있었다. 상무님은 회식을 할 때에도 직원들을 꼭 챙기셨다. 회식 날짜가 정해지면 팀원 수대로 편지봉투를 준비해달라고 하셨다. 남직원은 흰색, 여직원은 유색으로 준비해달라는 말도 잊지 않으셨다. 봉투를 준비해서 드리면 손수 직원들의 용돈을 챙겨 넣으셨다. 흥이 많으신 분이라 본인이 먼저 직원들을 위해 분위기를 띄우셨고, 알코올이 들어가면 양복 주머니 안쪽에서 준비하신 편지봉투를 하나씩 꺼내어 직원들에게 나누어주셨다.

"회식 끝나면 다들 택시 타고 들어가."

상무님이 직원들에게 마음을 쓰시는 만큼 직원들은 상무님을 잘 따르고, 팀 분위기가 좋은 것은 당연한 이치였다. 나의 소중한 사람들을 위해 가치 있게 사용하는 돈도 부자들과 성공한 자들이 가지고 있는 또 하나의 성공비결이다.

내가 인정하지 않는 한, 실패는 없다

우리는 가지고 있는 15가지 재능으로 칭찬받으려 하기보다
갖고 있지 않은 한 가지 재능으로 돋보이려 안달한다.
– 마크 트웨인(시인)

누구나 실패를 경험한다

"2달러 투자로 운이 좋으면 1조 8천억 원을 얻을 수 있는 기회가 있다."

당신은 어떻게 할 것인가? 이것은 미국의 파워볼 이야기다. 이렇게 큰 돈이 생기는 것은 축복일까? 불행일까?

2002년, 당시 최고 금액인 3,000억 원짜리 파워볼에 당첨된 앤드루 휘태커는 당첨금을 타서 돌아오는 길에 바로 음주운전으로 걸리더니 몇 달

뒤엔 차량 강도에게 5억이 넘게 든 돈 가방을 도난당했다. 그의 가족 역시 흥청망청 물 쓰듯 당첨금을 탕진했다. 더군다나 딸과 손녀딸이 연달아 마약 중독으로 숨졌다. 1988년, 복권으로 1천 600억 원 이상을 받은 윌리엄 포스트는 여자 친구가 소송을 제기해 당첨금의 절반을 빼앗겼다. 동생이 청부살인극을 벌여 생명의 위협까지 당했고, 결국 1년 만에 빚더미에 앉게 되었다. 1966년 당첨자 제프리 댐피어는 처제와 그녀의 남자친구에 의해 납치, 살해되었다. 1985년과 1986년 2년 연속 당첨의 행운을 누린 이블린 애덤스는 돈을 나눠 달라고 요구하는 주변인들로부터 스트레스를 받다가 끝내 도박으로 돈을 다 날려버리고 트레일러 차량에서 산 것으로 유명하다. 이렇게 갑작스럽게 생긴 큰돈은 축복보다는 불행이 된다.

내가 리치멘토인 그녀를 두 번째 만났던 날, 그녀는 나에게 본인의 실패 경험을 들려주었다. '10년간 쌓아놓은 모든 것이 한 순간에 사라져버리는 보고도 믿지 못할 일'을 경험했다고 했다. 작은 기업체였어도 감당하기 어려운 금액을 손해 보았다고 말이다.

리치멘토는 자신이 만나는 자신보다 더 큰 부자들에게도 실패의 과정이 있었다는 공통점을 발견했다고 한다. 그들이 겪은 실패는 일반 사람이 상상하기 어려운 커다란 실패인 경우가 대부분이었다. 2~3억 수준이 아니라 적게는 20~30억에서 100억 이상의 빚을 진 경험이 있었고, 그것을 만회하기 위해 기존의 자신의 한계를 깨고 나아가기 위한 처절한 노력의 시간을 겪은 후에야 비로소 상상도 하지 못한 큰돈을 버는 방법과 도구를 갖추어 나갔다는 것이다.

30억의 빚을 졌다면? 아니 그 이상 100억 이상의 빚을 한 개인이 지게 되었다면 어떤 일이 벌어질까? 둘 중 하나일 것이다. 죽거나 죽을 각오로 무언가의 기적을 만들 시도를 하거나, 파산을 신청하고 평생 숨어 지내거나, 자살이라는 극단적인 선택을 하는 이들도 있을 것이다.

리치멘토 역시 '죽어버릴까?' 하는 생각을 했다고 한다. 하지만 자신의 성공 과정을 알고 있는 수많은 사람, 그리고 자신을 '리치멘토'라 부르며 따르는 사람들이 있었기에 죽을 수 없었다고 말했다. 죽기보다는 어떻게 하면 이 위기를 넘길 수 있을지를 생각했고, 더 많은 돈을 벌 수 있는 방법을 고민했다고 한다. 리치멘토의 멘토가 되어주는 사람들 역시 '내가 이걸 한 번 해결해볼 수 있지 않을까?'라는 생각으로 마음을 다잡았기에 그들의 불행은 엄청난 행운으로 바뀔 수 있었다.

평범한 일이나 사업을 해서는 수십 억, 수백 억의 빚을 감당할 수 없다. 따라서 지금의 문제를 해결해 줄 큰돈을 벌 수 있는 가능성이 있는 분야로 가야 한다. 100억의 빚을 진 사람이 동네에 작은 치킨집을 열어 갚겠다는 생각을 하진 않을 게 아닌가. 놀랍게도, 물려받은 것 없이 스스로의 힘으로 람보르기니를 타고 한강이 손에 잡힐 듯 내려다보이는 트리마제에 살고 있는 자수성가 부자들은 대부분 과거에 이 과정을 거쳤다.

내가 인정하지 않는 한 실패는 없다

성경에도 하나님은 이스라엘 백성들을 위해 가나안땅을 예비해두셨다. "여호와께서 아브람에게 나타나 가라사대 내가 이 땅을 네 자손에게 주리라 하신지라"(창세기 12:7). 아브라함이 살던 애굽에서부터 가나안까지의 거리는 480km다. 성인 남성이 한 시간에 4km 걷는다면 하루 여섯 시간이면 24km를 걷고, 10일이면 240km를 걷는다. 한 달 중 20일을 이렇게 걷는다면 480km를 걸을 수 있다. 200만 명 인구와 가축들의 숫자까지 고려해도 몇 달이면 갈 수 있는 거리인 것이다.

그러나 이스라엘 백성이 가나안에 가기까지 40년이 걸렸다. 그들은 애굽 생활에 길들여져 있었기 때문에 성경에만 10번 애굽으로 돌아가겠다고 기록되어 있다. 그러나 40년이 걸려 도착한 가나안땅은 젖과 꿀이 흐르는 땅이었다. 하나님은 이스라엘 백성이 복을 받기에 적합하도록 광야에서 고생을 겪게 하신 것이다. 영화 〈에반 올마이티〉에는 이런 장면이 나온다.

"누군가 신에게 인내를 달라고 기도를 하면 신은 그 사람에게 인내심을 줄까요? 아니면 인내심을 발휘할 수 있는 기회를 주실까요? 누군가 신에게 용기를 달라고 하면 신은 용기를 주실까요? 아니면 용기를 발휘할 기회를 주실까요? 만약 누군가 신에게 가족이 좀 더 가까워지게 해달라고 기도한다면 신이 뿅! 하고 그 사랑의 감정이 느껴지도록 할까요? 아니면 가족의 사랑을 깨달을 수 있는 기회를 주실까요?"

모든 것은 생각하기에 달려 있다는 것이다. 혹독한 실패와 광야 생활을 거치지 않고 부자가 되고 성공한 사람은 없다. 태어날 때부터 성공 유전자나 비범한 성향을 가진 사람은 없다는 것이다.

리치멘토는 항상 이렇게 이야기했다. "누구나 부자가 될 수 있어요. 단지 그 방법을 모를 뿐이에요." 『1그램의 용기』의 저자 한비야는 이렇게 말했다. "삶에는 하나의 큰 질문과 여러 가지의 선택지가 있다." 인생의 방향키를 누구에게 맡길 것인가? 나인가 혹은 타인인가?

우리는 모두 각자의 자리에서 열심히 살고 있다. 엄마인 우리 역시 우리에게 주어진 자리에서 최선을 다하고 있다, 하지만 우리는 전업주부라는 이름을 가졌다고 "집에서 논다."라는 말을 듣기도 한다. 그러나 우리는 많은 것을 해내고 있다는 사실을 모르고 있다. 자신의 머리 무게조차 감당하지 못하던 핏덩이를 사회에서 자신의 역할을 감당하는 하나의 인격체로 키워내고 있는 것이 바로 우리가 하고 있는 일인 것이다.

며칠 전 아침 씻고 나서 방에 들어갔더니 둘째 아이가 울고 있었다. 일찍 일어났던 큰아이는 평소와 다르게 방문을 닫고 나왔다. 학교에 가는 큰아이의 아침을 챙겨주고 나는 욕실에서 씻는 중이었다. 첫째 아이는

TV를 보며 신나게 웃고 있었고, 나는 울음소리 같은 것을 듣기는 했지만 TV 소리인 줄 알고 아무런 반응을 보이지 않았었다. 하지만 울음소리는 점점 더 크게 들렸고, 방으로 들어갔더니 둘째가 울고 있었다. 아이는 방에 들어온 나를 발견하고 와락 끌어안았고, 한참 내 품에 안겨 울다가 울음을 그쳤다.

엄마라는 존재는 이런 것이다. 아무리 아이를 혼내고 잔소리를 해도 아이가 가장 무섭고 두려울 때 생각나는 사람은 엄마인 것이다. 우리는 집에서 노는 것이 아니라 하루 종일 가족을 돌보느라 나를 버리고 가족 중심으로 살아가는 것이다.

오늘 아침에도 잠에서 깬 두 아이는 제일 먼저 주방에 있는 나를 찾아와 세상 어디에서도 볼 수 없는 환한 미소를 보여주며 나를 꼭 안아준다. 아이들을 보며 생각했다. '내가 없다면 이 아이들은 어떻게 될까?' 부자가 되고 성공하는 것도 물론 중요하지만 사회적으로 성공하지 않아도, 부자가 되지 못해도 내 아이들에게 나는 이미 특별한 사람이다.

그러나 나는 그것에 만족하지 못했기에 이것저것 도전하고 실패했다. 나는 내 삶이 너무나 평온하다고 생각했다. 내 삶은 똑같은 하루의 반복만 있을 뿐 특별하게 여겨지는 어떤 일도 일어나지 않았다.

"오늘 뭐 했어? 무슨 일 없었어?"

"만날 똑같지 뭐…."

지금 돌아보니 그것은 평온한 것이 아니었다. 내가 아무것도 하지 않으니 아무 일도 일어나지 않았던 것이었다. 아니 아무 일도 일어날 수 없었던 것이다. 나는 아무것도 하지 않는 가장 위험한 삶을 살고 있으면서도, 내 삶이 가장 평온하고 행복한 삶이라고 생각했던 것이다.

아무것도 하지 않았다는 것은 포기한 것과 같다. 포기한 것은 어떠한 가능성도 없다는 것이다. 하지만 어떤 것이든 포기하지 않는다면 가능성이 있다. 행동하지 않는 것, 선택하지 않는 것도 이미 선택이다. 주저하는 것은 아무것도 하지 않겠다는 선택인 것이다.

지금 우리가 있는 곳은 가능성이 있는 것과 없는 것 사이의 경계이다. 하루에도 수많은 결정을 내려야 한다. 무엇을 선택하든지 2가지를 모두 가질 수는 없다. 하나를 선택하면 하나는 버려야 한다. 전업주부의 삶을 계속 사는 것도, 무엇을 시작하고자 하는 마음을 먹는 것도 모두 나의 결정이다. 그리고 어떠한 선택을 하든지 그것은 나의 결정이고 아무도 그것이 잘못되었다고 말할 수 없다. 내가 인정하지 않는 한, 그 어느 것도 실패가 아니다.

나를 위로해준 것들

박정현, 'song for me'

이 곡은 '나를 위한 노래'라는 제목처럼 다시 일어설 수 있는 용기를 얻게 되는 곡이다.

이 길 끝에 나를 기다리고 있을 멋진 세상을 기대하며.

꿈꾸는 대로 된다는데 간절히 원하면 된다는데 그건 너무 먼 얘기
지금 나에게 필요한 건 작더라도 손에 닿을 희망
세상이라는 무거운 짐을 힘들지 않게 느낄 수 있는 용기
길고도 좁던 저 골목 모퉁이 돌아설 때면
상상도 못할 멋진 세상이 기다리고 있겠지

epilogue

이미 시작되었지만 아직 끝나지 않았다

너는 내게 부르짖으라. 내가 네게 응답하겠고 네가 알지 못하는 크고 은밀한 일을 네게 보이리라(예레미야 33:3).

이 말씀은 성경에 나와 있기도 하지만 나에게는 좀 더 의미가 있는 말씀이다. 수능시험을 마친 2000년 어느 날, 꿈속에서 보았던 말씀이기 때문이다. 꿈에서 깨어나 생각나는 것은 '큰, 은밀' 이 2가지뿐이었다. 왜 그랬는지, 무슨 마음이었는지는 기억이 나지 않지만 나는 이 단어가 꼭 성경 안에 있는 말씀일 것이라 생각했다.

매주 교회에 다니긴 했지만 성경에 대해서는 잘 모르던 당시의 나는 항상 성경을 놓지 않으시는 엄마에게 물었다. "엄마 혹시 성경말씀 중에 '큰, 은밀'이라는 단어가 들어가는 말씀이 있어요?" 얼마 후 엄마는 예레미야 33장 3절 말씀을 알려주시며 이 말씀이 맞는 것 같다고 하셨다. 그날 이후 나는 항상 이 말씀을 마음에 품고 있다.

그런데 항상 궁금했다. 하나님은 나에게 이 말씀을 주셨는데 '크고 은밀한 일'이라는 것이 과연 무엇인지 말이다. 수능을 본 지 20년 가까이 되었지만 아직까지도 나는 그 말씀에 대한 해답을 찾지 못하고 있었다.

끝이 어딜까 너의 잠재력 – 다 쓴 치약

마음 맞는 사람이 1명만 있었으면 – 2인 이상 주문가능

이렇게 한 번 더 생각하게 되는, 제목을 읽은 후 새롭게 해석이 되는 시를 쓰고 있는 하상욱 시인. 본인을 '시팔이'라고 소개하는 그는 사실 만화가를 꿈꾸던 소년이었다.

"만화를 그리기보다 만화'가'를 그렸다."

그는 말했다. 오늘은 『슬램덩크』 스타일, 내일은 『드래곤볼』 스타일. 내 그림체도 없고 머릿속에는 항상 누군가를 떠올리며 그림을 그렸고, '이렇게 하면 만화가가 될 수 있을 거야.'라고 생각했다고 한다. 하지만 타고난 재능을 가진 친구의 모습을 보며 그는 10년 동안 매달렸던 만화가의 길을 포기했다.

"재는 만화가가 될 수 있을 것 같은데 나는 더 잘 그릴 자신이 없어."

그림을 그려왔기 때문에 디자인을 전공한 그는 취미로도 써본 적 없던 시를 써 전자책을 만들었고, 우연히 그의 글을 본 사람들이 유머사이트, 커뮤니티, SNS 등에 공유하면서 작가가 되었다고 했다.

그는 만화가라는 명확한 꿈이 있을 때에는 그 부담감과 압박감을 견디지 못했다고 한다.

"그림도 마음대로 그릴 수 없었고 나중에는 그것이 나의 꿈이었는지도 모르게 되었다."

그랬던 그가 글을 쓸 때에는 작가가 되는 것이 그의 꿈이 아니었으니 마음대로 막 쓸 수 있었다고 했다. 만약 작가가 꿈이었다면 이런 형식의 글을 '시'라는 이름으로 겁도 없이 쓸 수 없었을 것이고, 지금의 자신의 모습은 없었을 것이라고 말한다. 그는 꿈을 꾼 것이 아니라 '꿈'이란 단어 속에서 허우적대고 있었을 뿐이라고 했다.

나 역시도 '작가가 되어야겠다!'라는 구체적인 목표를 갖고 있지 않았다. 제대로 된 글을 써본 것은 학교 다닐 때 썼던 독후감이 마지막일 것이다. 글쓰기에 재능이 있다고 생각하지도 않았고, 책은 특별한 재능을 사람들만 쓸 수 있는 것이라고 생각했다.(물론 지금도 소설이나 시의 경우에는 특별한 재능이 있어야 한다고 생각한다.) 일기도 제대로 써본 적이 없고, 매일 하루를 정리하며 '감사일기'를 쓰겠다고 다짐했지만 그마저도 제대로 지키지 못하는 날이 더 많다. 아마 나에게 '작가가 되겠다!'라는 꿈이 있었다면 10년간 주부라는 이름으로 살지 않았을 것이다. 어떻게든 작가가 되기 위한 노력을 했거나, 지금껏 그래왔듯이 내 길이 아니라고 쉽게 포기해버렸을 것이다. 내가 무언가를 시작했을 때는 지금보다 조금 더 여유로운 삶, 남편이 짊어지고 있는 가장이라는 무게를 조금 나눠지고 싶다는 마음이었지, 그것이 나의 꿈이나 목표는 아니었다. 누구나 인정할 만한 재능이 있지도 않았기 때문에 항상 그것이 불만이었다.

꿈과 목표가 있는 사람만 그 꿈을 이룰 수 있는 것은 아니다. 이 세상 많은 사람들 중에 내가 가지고 있는 재능이 무엇인지 확실히 알고, 명확하게 꿈이나 목표로 설정해서 앞만 보고 달려가는 사람이 얼마나 있을까? 바로 1시간 뒤에 어떤 일이 일어날지 모르는 것이 우리의 삶이다. 우리는 그냥 어느 순간 하고 싶은 것이 생겼을 때 그것을 해보면 된다. 막연하게 생각만 하고 있으면 결국 후회하게 된다. 그러나 그것을 행동으로 옮겼을 때 모든 것이 명확해진다.

'해봤는데 나랑 안 맞는 거 같아.'

그런 생각이 들었을 때 그만두어도 늦지 않는다. 포기하거나 그만두었다고 해서 이미 시작된 우리의 삶이 끝나는 것은 아니기 때문이다. 그 한 가지를 포기했을 때 또 다른 기회가 열릴 수도 있다. 내 삶이 그랬듯이 말이다. 내가 두 번째로 리치멘토를 찾아갔던 날, 그녀는 나에게 이렇게 말해주었다.

"지혜 님은 그냥 뭐든지 시작만 하시면 돼요. 그것이 무엇이든 행동으로 하나씩 옮기면 내년에는 많은 것이 달라져 있을 거예요."

'하찮은 것'은 없다. 그 하찮음조차 다른 누군가와의 비교 속에서 나 스스로 만들어낸 것이기 때문이다. 이제는 내가 당신에게 말해주고 싶다. 그것이 무엇이든 그냥 시작해보라. 꿈도, 재능도, 능력도 없는 내가 했으니 당신도 할 수 있다.